LES
MYSTÈRES
DE LONDRES

PAR

SIR FRANCIS TROLOPP.

IX

PARIS,
AU COMPTOIR DES IMPRIMEURS-UNIS
QUAI MALAQUAIS, 15.
—
1844

LES
MYSTÈRES
DE LONDRES.

Ce roman ne pourra être reproduit qu'avec l'autorisation de l'éditeur.

Paris. — Imprimerie de BOULÉ et Cⁱᵉ, rue Coq-Héron, 3.

LES
MYSTÈRES
DE
LONDRES

PAR

SIR FRANCIS TROLOPP.

IX

PARIS,
AU COMPTOIR DES IMPRIMEURS-UNIS,
QUAI MALAQUAIS, 15.

1844

QUATRIÈME PARTIE.

LE MARQUIS DE RIO-SANTO.

I

DEUX SOLEILS POUR UNE LUNE.

C'était à peu près à l'heure où l'Honorable Brian de Lancester, de retour devant le n° 9 de Wimpole-Street avec une petite troupe d'hommes de police, reconnaissait que sa courte absence avait suffi pour faire évacuer la maison.

La nuit était magnifique. L'humidité de la journée, frappée sur les pavés par un glacial vent du Nord, faisait de chaque rue un étincelant miroir, sur lequel les passans glissaient, trébuchaient et tombaient, à l'ineffable contentement de tous les Snail de la capitale de l'empire britannique.

Aux abords de Portland-Place, vers le milieu de la rue de Devonshire, il y avait, malgré le froid intense, une foule assez considérable, assemblée devant une porte ouverte. Cette foule était uniquement composée d'hommes qui avaient entre eux une sorte de ressemblance, bien que quelques uns portassent la livrée de la misère, tandis que d'autres étaient revêtus de fort décens costumes. C'étaient évidemment des confrères, car ils se pressaient, se foulaient, se poussaient de la meilleure amitié du monde, et sans acception de costume.

Presque tous avaient sous le bras d'énormes liasses de journaux ; les plus élégans seuls se privaient de cet ornement, mais ils étaient suivis d'un ou plusieurs grooms, chargés comme des mulets de la même denrée. — Tous causaient à la fois. Des cris étranges sortaient de cette cohue, et se mêlaient à de philosophiques réflexions, à des bons mots connus, à des éclats de rire.

Sur la porte ouverte, il y avait quatre ou

cinq grooms en livrée, occupés incessamment à jeter aux assiégeans des paquets de papiers humides et exhalant cette odeur nauséabonde que Dieu a donnée au journal pour prévenir sans doute le public contre ses impudens mensonges, comme il a mis une crécelle au col annelé du serpent à sonnettes.

— Douze pour Pleydell et Browne ! disait une voix dans la foule.

— Douze pour Pleydell et Browne ! répétait l'un des grooms.

Ces mots couraient de bouche en bouche et arrivaient jusqu'à un buraliste dont on voyait la face parcheminée, fossile, à deux pouces de son registre.

Le buraliste griffonnait quelques mots et répétait d'une voix suraiguë :

— Douze pour Pleydell et Browne.—Allez !

Un paquet était livré.

— Quarante pour Gilbert du Strand !

— Vingt-cinq pour mistress Dodson !

— Deux cents pour Howard et Flower !

Et les feuilles pleuvaient, exhalant cette humide et âcre odeur dont nous venons de parler. — La vente était superbe. — A mesure que le commis fossile en constatait les résultats, le parchemin de son visage prenait de belles nuances dorées ; et lorsque enfin Howard et

Flower demandèrent deux cents numéros, le commis déposa sa plume de métal dans le but de se frotter les mains.

Mais il n'en eut pas le temps. Les cris du dehors redoublèrent. Le buraliste reprit sa plume de fer en se promettant formellement de boire une pinte de porter en réjouissance avant de se coucher.

— Soixante-quinze pour Prior !

— Cinquante pour Goodbridge !

— Quatre-vingts pour Samuel Lowther !

Et cent autres noms ! et cent autres demandes, si bien que, enfin, une voix sortant des profondeurs du bureau prononça triomphalement ces paroles :

— Le tirage est épuisé, messieurs.

Ce fut un brouhaha universel.

— Faites un autre tirage ! cria-t-on ;—deux mille, trois mille, — dix mille !... Nous prendrons tout !

— Les formes sont brisées, messieurs.

On voulut protester, mais les deux larges battans de la porte tournèrent prestement sur leurs gonds, et la face jaunie du buraliste disparut à tous les yeux.

Ceci se passait à la porte de M. Timothy

Overflow, éditeur du journal *the Moon* (*la Lune*), feuille du soir. La foule assemblée dans la rue était un *rush* (1) de newsmen ou marchands de journaux.

On sait qu'en Angleterre les feuilles publiques n'arrivent pas au lecteur de la même manière que sur le continent. A Londres, on ignore, ou à peu près, cet ami cher du caissier d'un journal, ce fermier de l'intelligence des rédacteurs, ce locataire de la prose, mauvaise ou bonne, alignée quotidiennement en énormes colonnes et précieuse assurément si la quantité peut remplacer la qualité : on ignore, en un mot, l'abonné.

---

(1) Cohue, queue, presse.

Point de bail à long terme entre les gazettes et les liseurs. Chaque jour, ces derniers font leur choix entre tous les bavards et gigantesques *news-papers* de Londres, à peu près comme le gourmet parisien pointe les plats de son dîner sur la carte d'un restaurant. — Et, voyez le contraste ! l'Anglais, qui papillonne lourdement du *Times* au *Sun*, du *Sun* au *Globe*, du *Globe* au *Courier*, s'en tient à sa tranche de bœuf dès qu'il s'agit de dîner, tandis que le Français, dont le palais volage passe en revue hebdomadairement tous les mets du *Cuisinier royal*, reste fidèle à son journal durant de longues années.

John-Bull n'aurait-il donc que la fidélité de l'estomac ?...

Chez nous, la publication des journaux se fait par l'entremise de courtiers (*newsmen*) dont quelques uns sont millionnaires. D'autres, en revanche, portent leur fortune avec eux, dans la poche rapiécée d'un vieil habit noir.

D'ordinaire, le journal *The Moon*, petite feuille du soir, faisait son apparition dans le silence le plus complet, et n'arrivait chez les newsmen que si l'on prenait le soin de l'y porter; mais, ce jour-là, il y avait une nouvelle, — une grande nouvelle! — Le tirage de toutes les feuilles du soir s'était trouvé insuffisant pour l'affluence des acheteurs. Chacun voulait savoir, lire par soi-même.

De long-temps curiosité pareille n'avait été excitée. Et il y avait de quoi, vraiment : il ne s'agissait point d'une nouvelle vulgaire, de l'un de ces *puffs*, si communs chez nous que nos voisins nous ont pris ce mot pour l'introduire dans leur langage usuel. On ne parlait enfin ni du serpent de mer, ni de la fameuse génisse de Cornouaille, marchant à l'aide de douze pattes, ni de la brebis-ténor, ni de l'Américain incombustible, habitué à se nourrir de poudre fulminante, arrosée de plomb fondu. — Fi donc ! sottises que tout cela, bonnes tout au plus pour les jours de famine ou l'*éditeur*, à bout d'imagination, creuse en vain sa triste cervelle et ne trouve aucun plat nouveau, digne de rassasier la curiosité publique...

Cette fois c'était de l'histoire. Il y avait en jeu une personne royale.

Rien moins que cela, vraiment.—Un meurtre odieux, un assassinat impie avait été commis, — ou tenté pour le moins, — jusque sur la terrasse du château de Kew.

Et sur qui, bon Dieu! — sur une gracieuse et douce enfant, qui, éventuellement, pouvait être appelée à succéder au trône, sur l'espoir des Trois-Royaumes, sur la princesse Victoria, en un mot, sur la fille de S. A. R. le duc de Kent, et la nièce de Sa Majesté.

Qu'on reconnaissait bien là l'infernal esprit de radicalisme, et que c'était bien le cas d'acheter, à n'importe quel prix, pour dévorer les détails de cette atrocité éminemment curieuse, l'*Evening Post,* le *Standard,* l'*Evening Mail* et le *Moon !*

On espérait d'ailleurs trouver dans ces feuilles, ou dans l'une d'elles, le nom du misérable dont la main sacrilége, etc., etc.

Ce fut donc un terrible désappointement pour ceux des newsmen qui, arrivés trop tard, n'avaient pu se procurer le moindre numéro du *Moon,* si délaissé d'ordinaire. Il se forma immédiatement une sorte de bourse devant la porte de M. Timothy Overflow. Les uns voulaient acheter de seconde main, argent comptant, quelques numéros de la bienheureuse feuille ; d'autres proposaient des échanges.

— Un shelling pour chaque exemplaire du *Standard !* disait l'un.

— Six pence de plus que le prix courant pour chaque *Evening Post !* criait l'autre.

— Un *Times* pour un *Evening Mail !*

— Deux *Suns* pour un *Moon !*

D'ordinaire, dans ces *rushes* de newsmen, les offres sont en sens contraire. Un *Times* est estimé quatre ou cinq *Standards*, et il faut bien une douzaine de *Lunes* pour payer un seul *Soleil*.

Ce qui est, du reste, plus conforme à la hiérarchie astrale.

Cependant, de chaque côté de la rue, les curieux affluaient. Les uns savaient déjà ce dont il s'agissait, les autres voulaient l'apprendre. Le *rush* des newsmen se trouva bientôt enclavé de toutes parts dans un autre *rush* plus nombreux et non moins bruyant, qui s'approchait, d'instinct, de cet amas de papier imprimé. Les récits les plus contradictoires couraient parmi cette foule bavarde et pressée de savoir.

— Oh! mon cher monsieur! criait la voix aigre et chantante de mistress Crubb, laquelle, de cancans en histoires, avait roulé de Cornhill jusque-là; — je vous jure sur mon salut que je suis bien informée... Mistress Foote le tient du beau-frère de mistress Croscairn, qui est tondeur de gazon, monsieur, au *plea-*

sure-ground de Kew... C'était une amazone, montée sur un grand cheval... Elle a tiré sur la chère enfant vingt-sept flèches empoisonnées, monsieur!

— Pas possible, madame!...

— Pas possible, monsieur!... Eh bien! les bleus de la garde sont venus, les braves beaux garçons, et ils l'ont hachée, elle et son grand cheval, monsieur, menu comme chair à pâté.

— Et ils ont bien fait, tonnerre du ciel! — Que le diable nous larde! — Tempêtes! dit le capitaine O'Chrane, qui, libre un instant par le sommeil de Saunder, promenait de ce côté les charmes extraordinaires de mistress Dorothy Burnett; — ils ont bien fait, les misérables mangeurs de bœuf du roi !... Mais ne pourrait-on se procurer un journal pour trois pence ? par le trou de l'enfer !

— Trois pence !... un journal ! s'écria mistress Crubb ; — un journal, trois pence !... Bonsoir, Dorothy, ma cousine... Je sais une femme, voyez-vous, qui donnerait un demi-souverain pour être à votre place... Oh ! capitaine O'Chrane, la pauvre mistress Bloomberry se noie dans votre soda-water... Et, quant au journal... Trois pence !... mistress Bull, aussi vrai qu'il fera jour demain, a payé un *Mail* dix-huit pence !... Ah ! c'est un grand événement, mon Dieu !

— Je vous dis, moi, glapissait une autre voix de femme qui pouvait bien appartenir à mistress Black ou à mistress Brown, — je vous dis que c'est un sauvage de l'exhibition de Regent-Street. Il a frappé la pauvre petite princesse, — que Dieu la bénisse ! — d'un coup de massue sur la tête...

— Du tout ! riposta une basse-taille, c'est un catholique irlandais, un vil mendiant de l'autre côté du canal, un...

— Vous n'y êtes pas ! c'est un gentleman ! On a trouvé son cheval mort au milieu du parc du Régent... un cheval magnifique !

— Quelles fables on raconte dans Londres ! dit mistress Crubb en haussant les épaules.

L'histoire des vingt-sept flèches empoisonnées lui semblait seule offrir un degré suffisant de vraisemblance.

— Que Dieu me damne ! cria le capitaine O'Chrane en redressant ses six pieds de manière à dominer la foule ;—quelqu'un de vous, marchands de papier noirci, veut-il me donner un journal pour quatre pence?

Nul ne lui répondit ; — mais, parmi les newsmen, les offres d'échange entre les journaux du matin et ceux du soir se poursuivaient toujours, et ces mots arrivaient aux oreilles de la foule, répétés à satiété :

— Une demi-couronne pour deux *Standards !*

— Un *Times* pour un *Mail!*

— Deux *Suns* pour un *Moon!*

Tandis que le *rush* des vendeurs de journaux bruissait, s'agitait, avide, passionné, criard comme toute réunion mercantile, un homme qui, sauf son accoutrement hétéroclite, semblait être, lui aussi, un newsman, prenait l'avance sur ses confrères et vendait force numéros au public. On le voyait se glisser tortueusement dans la foule, donnant au premier venu sans marchander, et à moitié prix, les précieux exemplaires de ces feuilles qu'on se disputait si énergiquement devant la porte de M. Timothy Overflow.

Il semblait pressé surtout de vendre. Une

fois la vente faite, sa main vidait l'argent reçu dans une énorme poche, ouverte sur le devant de son habit en lambeaux, et il disparaissait.
— Quand le paquet de journaux qu'il avait sous le bras était épuisé, il fouillait tantôt à droite, tantôt à gauche, dans les poches qui parsemaient son costume délabré, et en retirait toujours une liasse nouvelle.

— Que voulez-vous, mon excellent monsieur? disait-il; — que désirez-vous, ma belle dame?... Un *Standard*? voilà... Un *Evening Post*? tenez... Un *Moon*? Joli journal, mon gentleman, tenez! tenez! tenez!

Il passait. Les shellings et les six pence tombaient incessamment dans sa vaste poche.

— Par ici, marchand de mensonges, Satan et ses cornes! cria le capitaine O'Chrane au moment où le négociant en guenilles passait à sa portée.

— Voilà, gentleman.

— Par le trou du tophet! reprit Paddy étonné, c'est ce vil serpent de Bob, le bon garçon, qui s'est fait newsman, — ou que Dieu me punisse!

Bob lui tendit un *Mail*, et reçut un shelling avec injonction de rendre huit pence.

Il mit sa main dans sa poche.

— Et, depuis quand, triste vermine, Bob, de par l'enfer! mon camarade?... commença Paddy.

Mais Bob était loin déjà. En un tour de main, il avait vendu un *Evening Post* à mistress Crubb, un *Moon* à la voix glapissante, et un *Standard* à la basse-taille.

Ces quatre heureux possesseurs de feuilles tant désirées s'approchèrent ensemble d'un réverbère pour étancher enfin à longs traits leur curiosité altérée. Le capitaine Paddy en oublia presque de maudire son ami Bob, — ce vil coquin! — tant il avait bonne envie de lire.

Mais à peine la lumière du gaz vint-elle frapper sur les feuilles achetées, qu'une quadruple exclamation de désappointement se fit entendre.

— Dieu me damne! dirent la basse-taille et le capitaine.

— Ah! lord! crièrent la voix glapissante et mistress Crubb.

Le *Standard* de la basse-taille avait huit jours de date. Le *Moon* de la voix glapissante était du mois dernier. Le *Post* de mistress Crubb marquait un an d'âge, et l'*Evening Mail* du bon capitaine rendait un compte exact et détaillé de la bataille de Waterloo.

— Tonnerre du ciel! murmura Paddy en se grattant l'oreille, — ce pendart abject à plus d'esprit qu'il n'y en a dans les deux Chambres, ou que je sois mis sur le gril par les propres griffes de Satan!

Les trois autres victimes, soutenues par le contralto puissant de mistress Dorothy Burnett, poussèrent en chœur un haro formidable qui trouva mille échos dans la foule, partout où Bob avait passé. On s'élança sur ses traces ; on courut, on se fatigua.

Bob comptait ses shellings dans le taphouse du coin, bien paisiblement, suivant son habitude, et mettait six pence de côté pour faire une libéralité à Tempérance.

C'était là une petite spéculation de son invention. — Bob avait plusieurs des qualités qui font les grands hommes. Il voyait tôt, il exécutait vite. Pour deux couronnes, il avait acheté tout ce vieux papier qu'il venait de revendre dix guinées. — Etendez en tous sens cette innocente opération, et vous arriverez à l'un de ces magnifiques coups de filet opérés de temps à autre par la maison politico-commerciale de Saint-Swithin's-Lane (1).

Conscience légère, prestesse d'esprit et de mains suffisent, à tous les jeux, pour neutraliser les chances mauvaises. Bob venait d'agir avec presque autant d'adresse et de moralité que ces honnêtes seigneurs qui font sauter la banque du tripot de Royal-Exchange (la Bourse), parce qu'ils sont les confidens du télégraphe, et gagnent ainsi leurs partners de vitesse. Eux et lui eussent été couronnés à Sparte du laurier excentrique que cette cité

---

(1) Rue où est situé le comptoir Rothschild.

voleuse, républicaine et originale partageait équitablement entre ses filous et ses demi-dieux.

Le commis fossile et jaune de M. Timothy Overflow regardait ces diverses petites scènes depuis une demi-heure par une fenêtre du premier étage. Ce commis n'était point un espiègle, mais il existe entre les employés de journaux et les newsmen une aversion chronique, passée à l'état de seconde nature. Ils se détestent parce qu'ils ont des rapports de tous les jours, parce qu'ils vivent les uns par les autres, parce qu'ils sont roues de la même machine. — Le fossile avait peut-être subi quelque mystification récente de la part de ses ennemis naturels. Toujours est-il que, depuis une demi-heure, il regardait avec mauvaise humeur ce tourbillon bavard qui s'agitait au dessous de lui. Il avait de folles envies de lancer sur cette foule un projectile, une injure, quelque chose de blessant ou de nuisible.

Mais il avait peur des suites. Se sachant sec et fragile comme verre, il ne voulait pas s'exposer à une partie de boxing, et refoulait prudemment ses velléités guerroyantes.

Pourtant sa fantaisie le talonnait toujours. — Le démon des haines mesquines, ce laid lutin qui a de l'esprit à la manière de certains critiques, lui souffla tout à coup une idée assez passable. Ces gens étaient là, se disputant ardemment quelques lambeaux de papier. Pourquoi ? pour le vendre. — Le fossile se dit qu'à tout le moins ils ne les vendraient pas dans la rue de Devonshire.

Il descendit au rez-de-chaussée et revint bientôt à sa fenêtre, porteur du seul et dernier exemplaire du *Moon* qui restât dans les bureaux.

Presque aussitôt après, une voix lente, monotone, ponctuée, tomba dans la rue, faisant taire à la fois les cris des newsmen et les commérages de la foule.

Voici ce qu'elle disait :

« Détails authentiques touchant l'assassinat horrible tenté sur la personne auguste de S. A. R. la princesse Alexandrine-Victoria de

Kent, nièce bien-aimée de Sa Majesté, le roi Guillaume, notre gracieux souverain. »

— Qu'est-ce à dire ! s'écria l'envoyé de Gilbert du Strand ; — n'allez-vous pas lire l'article tout haut, monsieur Switch ?

— Et pourquoi pas? ripostèrent dix voix dans la foule.

— Oui, pourquoi pas? de par Satan,—mille misères ! appuya de loin le capitaine.—Écoutez, Dorothy, écoutez, ma chère amie ; ce triste oiseau qui perche là-haut va nous dire la chose tout au long, que Dieu fasse de nous tous une fournée de damnés !

Le fossile reprit :

« Ce matin, à onze heures trente-cinq minutes, un étranger de grande taille, monté sur un fort cheval...

— Ce journal ment ! interrompit mistress Crubb. C'était une femme.

— Il dit vrai, madame : — Un étranger... c'est le sauvage de Regent-Street...

— Ou l'Irlandais, le sale mendiant !...

— Ou le gentleman... On parle de cheval !

— La paix, de par l'enfer ! — Éternelle damnation ! — Satan et ses cornes ! — Tempête ! s'écria le capitaine. — Écoutez bien, Dorothy, mon cher cœur, — que le démon m'étrangle !

« ... Sur un fort cheval alezan, continuait la voix imperturbable de M. Switch ; — s'est introduit dans le *pleasure-ground* de Kew, bien que le drapeau royal flottât au dessus du clocher... »

— Tempêtes! murmura Paddy ;—voilà qui est intéressant ou que je meure du choléra ce soir, malédiction!... Un peu de silence !

—Allons, monsieur Switch, allons! disaient les newsmen, la plaisanterie n'est pas mauvaise, mais c'est assez comme cela. N'en lisez pas davantage!

« ... Au dessus du clocher. Les gardes à pied chargés de veiller sur la terrasse ne l'ont aperçu que lorsqu'il était déjà auprès de la grande serre japonaise. — Suivant d'autres versions, c'est la princesse elle-même qui l'aurait découvert au moment où il braquait sur elle le canon d'un pistolet bourré jusqu'à la gueule. »

— Jusqu'à la gueule! répéta mistress Crubb; — ah! lord!...

— La paix! tonnerre du ciel!... Écoutez, Dorothy!

« ... Jusqu'à la gueule. A la vue de cette arme redoutable, la jeune princesse aurait poussé un cri d'épouvante... »

— Ah! lord! je crois bien! pauvre cher trésor!

« ... Et se serait élancée vers le palais en appelant au secours... »

— Mais, monsieur Switch, c'est une infamie ! crièrent les newsmen. Vous nous avez vendu cela : vous n'avez pas le droit de le donner.

— De notre vie, nous n'achèterons plus un seul exemplaire du *Moon*, monsieur Switch.

— Et la *Lune* sera obligée de se coucher, monsieur Switch.

— Monsieur Switch, ce sera une éclipse de *lune*.

M. Switch continuait :

« ... En appelant du secours. L'étranger de grande taille parut songer à faire retraite. Il se dirigea rapidement vers le glacis, au pied duquel il avait laissé son cheval... »

— Laissons chanter ce fou ! dit un newsman.

— Monsieur Switch, ajouta un autre en tournant le dos, nous vous ferons souvenir de cela.

— Que le diable vous emporte ! monsieur Switch !

— Et vous aussi ! s'écria le capitaine, et moi aussi, misère ! et nous tous, éternelle damnation !... mais donnez-nous la paix, tonnerre du ciel ! méchans revendeurs de paperasses !

Les newsmen avaient vidé la place.

— Eh bien! cria la foule; — après? que devint l'étranger de grande taille?

— Triple blasphème! ajouta le capitaine; — que devint-il, monsieur? de par tous les diables!

Le fossile ferma doucement sa fenêtre et s'en alla boire sa pinte de porter avant de se coucher.

La cohue, désappointée encore de ce côté, se rua vers la porte et voulut la forcer. La basse-taille ne parlait de rien moins que de mettre le feu à la maison. Quant au capitaine, nous craindrions d'être taxé d'exagération si nous rapportions en détail chacun des jurons ingénieux et variés qu'il improvisa pour la circonstance.

Au moment où la foule exhalait ainsi sa colère en un concert de malédictions, un cab déboucha de Wimpole-Street dans la rue de Devonshire, et fendit péniblement la presse. Celui qui occupait l'intérieur du cab ne se doutait guère qu'il était le héros de ce petit drame à tiroirs qui venait de se jouer en plein air, et la foule était loin de penser que l'*étranger de grande taille* fût en ce moment au milieu d'elle...

Le cab tourna dans Portland-Place et s'arrêta devant la demeure du comte de White-Manor.

Brian mit pied à terre aussitôt et franchit les marches de ce perron, d'où le fouet des valets l'avait chassé un jour sur l'ordre de son frère.

Il souleva le marteau et heurta fortement.

Le groom qui vint ouvrir recula d'épouvante à son aspect, comme s'il eût aperçu un le diable en personne.

— Veuillez prévenir le comte de White-Manor, dit Brian avec un calme impérieux, que M. de Lancester demande à Sa Seigneurie un instant d'audience.

II

DROIT D'AINESSE.

Londres entier connaissait l'inimitié des deux frères. A plus forte raison, un valet de White-Manor ne pouvait l'ignorer. — Le groom auquel s'adressait Lancester demeura un instant indécis, tant le fait d'une entrevue entre le comte et son cadet lui semblait chose extraordinaire, impossible.

Il obéit pourtant, lorsque Brian lui eut répété son injonction d'un ton péremptoire.

Au bout de quelques secondes, il revint, et Brian fut introduit aussitôt dans le salon de réception.

Il se jeta dans un fauteuil. Ses idées étaient dans un grand trouble. Ce qui venait de se passer à la maison de Wimpole-Street, les révélations de Susannah, sa disparition soudaine, tout cela était trop près de lui encore et ne prenait point dans son intelligence cet aspect clair et compréhensible que donnent aux choses de la mémoire les réflexions de quelques jours. Il savait qu'un ennemi puissant, surtout parce qu'il était insaisissable, lui disputait maintenant Susannah ; il venait chercher auprès de son frère les moyens de combattre et de vaincre ce ténébreux ennemi. C'était là son but : retrouver Susannah et la protéger retrouvée. — Les moyens à prendre, non seulement pour arriver à ce résultat, mais aussi pour amener son frère à le seconder, lui échappaient encore.

Mais ceci importait peu pour le moment. N'était-il pas fort de ses cent victoires remportées sur White-Manor ? N'avait-il pas pour lui la fatigue et l'ennui désespéré du comte, las de s'épuiser en une lutte contre nature, où le monde prévenu mettait tout l'odieux de son côté?

Il y avait bien long-temps que Brian de Lancester n'avait mis le pied dans la maison de ses ancêtres. Depuis la mort de son père, ses différends continuels avec White-Manor l'avaient éloigné de l'hôtel de famille, devenu l'exclusive propriété de l'aîné. Tout préoccupé qu'il était par des pensées fort étrangères aux émotions domestiques, Brian se sentit monter au cœur un trouble grave et inconnu. Une voix, muette depuis des années, sembla lui désigner ce noble cordon d'austères portraits de famille qui courait autour des lambris, montrant alternativement les fiers visages de ses pères et les traits dignes, hautains et doux de ses aïeules décédées;—et cette voix balbutiait au dedans de lui des reproches mêlés au nom détesté de son frère.

Brian avait l'âme d'un chevalier sous l'étrange enveloppe d'audacieux scepticisme où il se drapait pour le monde. — Il se repentit peut-être. — Du moins son front se courba comme s'il eût eu pudeur à soutenir les regards convergens de toutes ces générations assemblées, lui qui se présentait parmi elles avec des pensées hostiles à leur successeur légitime, à l'héritier du nom commun, à l'homme qui portait le titre transmis de père en fils intact et pur, — au chef de la maison, en un mot, dont un cadre vide attendait le portrait à la suite de tous ces portraits vénérés.

Il se souvint que le feu comte de White-Manor avait uni en mourant sa main à celle de son frère. Il se souvint que la dernière parole de sa mère l'avait exhorté à l'amour et au pardon.

Sa mère, dont les traits bénis, fixés sur la toile par un pinceau habile, semblaient encore lui sourire...

Une porte latérale s'ouvrit. Le lord de White-Manor parut, appuyé sur le bras de son intendant, Gilbert Paterson.

Entre le comte et son cadet il y avait une fort grande différence d'âge. Le vigoureux tempérament de Brian et les excès de White-Manor avaient élargi cette différence au point de la changer en contraste frappant. Brian avait conservé en effet dans l'âge viril quelque chose de cette grâce juvénile, de cette souplesse élastique des membres, de cette soudaineté expressive des mouvemens du visage qui reste généralement l'apanage des jeunes hommes. Sa nature physique était, comme sa nature morale, vierge pour ainsi dire et non entamée. Il était jeune d'apparence et de fait, bien plus jeune que ces lords de vingt ans que le trot d'un cheval fait pâlir et qui raniment tant bien que mal à l'aide d'excitans les appétits éteints de Leurs Seigneuries éreintées. Il était beau et fort et ardent ; il y avait en lui, derrière cet aspect flegmatique que nos mœurs infligent à toutes physionomies, trop plein d'audace, trop plein d'amour et de fougue. —

White-Manor, au contraire, était vieillard avant d'avoir franchi les limites de l'âge mûr. Son cœur, naturellement égoïste, était devenu de pierre; son corps, robuste autrefois, fléchissait sous le poids d'une précoce décrépitude. Ce n'était point pourtant un de ces frêles débris dont l'âge ou les excès ont ostensiblement miné le corps, et qui s'en vont courbés, chétifs, tremblottans, débiles, implorant de la foule un passage pour leurs pas chancelans; lord de White-Manor avait conservé la raideur de sa forte taille; il se tenait droit encore sur ses jambes alourdies, et son torse appauvri dissimulait ses pertes sous les mensonges habiles d'un costume fashionable. Mais, à chaque pas qu'il faisait, un tressaillement douloureux agitait sa face; son souffle était court et haletant ; sous les artifices de sa chevelure empruntée on découvrait quelques rares cheveux blancs, courant çà et là sur un crâne nu, ridé, aux reflets ternes et comme plombés; ses yeux s'éteignaient sous leurs paupières rougies, et il avait cette pâleur effrayante des apoplectiques, qui diapre de plaques livides le brûlant vermillon des joues.

C'était en quelque sorte une ruine d'organisation puissante.

Parfois, lorsque la colère réchauffait tout à coup et fondait le sang épaissi qui obstruait ses veines, il retrouvait pour un instant sa vigueur passée; il pouvait encore briser quelque chose, un homme ou un meuble, dans la fureur sauvage de ses emportemens.

Mais il payait vite et cher ces éclats insensés. La vie revenant soudain avec violence dans ce corps usé, glacé, raidi, le terrassait de son choc formidable. White-Manor tombait alors comme une masse inerte, ou bien, si le coup était moindre, son cerveau frappé s'engourdissait en une sorte d'abêtissement qui avait pour moitié les caractères de l'imbécillité, pour moitié les caractères de la folie.

Son avenir était compris, et il le savait, entre les cornes menaçantes de cet implacable dilemme : l'apoplexie ou la démence.

Lorsqu'il regardait en avant de soi, il se voyait paralytique ou fou et ne se voyait point autrement.

A l'approche du comte son frère, qui s'avançait lentement, toujours appuyé sur le bras de Gilbert Paterson, Brian se leva pour s'incliner cérémonieusement. Le comte lui rendit son salut en tâchant au contraire de fixer sur son visage une expression de cordiale bonhomie.

Encore une fois, entre ces deux hommes les rôles étaient renversés. La crainte était pour le puissant, la sécurité pour le faible. L'aîné, — le chef, — possesseur d'une fortune immense, avait peur de son cadet, lequel ne possédait rien au monde.

Et ceci en Angleterre, où la hiérarchie de famille est une vérité, où la richesse est le trône et le sceptre et la couronne.

Les deux frères demeurèrent un instant immobiles et se contemplant en silence.

Le visage de Lancester était toujours froid et hautain; celui du comte prenait une apparence de plus en plus bienveillante et soumise, —mais on se fût étrangement fourvoyé si l'on eût jugé leurs pensées mutuelles à ces symptômes extérieurs.

Il y avait de la pitié dans le cœur de Lancester, une pitié sincère et croissante. Le comte de White-Manor était plus souffrant encore que d'habitude; il portait sur sa figure de tristes vestiges de la dernière attaque qui l'avait précipité la nuit de l'avant-veille sur le plancher du *lord's-corner*, dans la chambre d'Anna Mac-Farlane. Ses yeux, qui tâchaient de sourire, conservaient un regard fixe et stupéfait. Toute une moitié de son corps, rétive au mouvement des muscles, se traînait presque inerte, comme si elle eût été frappée d'un commencement de paralysie.

Brian ne put constater sans douleur le funeste changement opéré chez son frère depuis la dernière fois qu'il l'avait vu d'aussi près ; — et il y avait long-temps de cela. Les ravages étaient si manifestes, le dépérissement se montrait si patent et si avancé, que Brian ne put retenir un geste de compassion. La voix du sang, qui s'était fait entendre tout à l'heure au dedans de lui, pendant qu'il attendait, seul, la venue du lord, parla de nouveau et plus énergiquement. Un instant il fut sur le point de tendre les bras à son frère.

Mais un éclair de haine qui souleva furtivement le masque de bonhomie que White-Manor avait mis sur son visage, suffit pour arrêter Lancester. Il reprit sa froideur et attendit.

Dans l'âme du comte, on n'eût trouvé qu'aversion profonde, que désir de vengeance, que haine implacable et sans bornes. Lui aussi était péniblement frappé de l'aspect de son frère ; lui aussi éprouvait une amère surprise à contempler ces traits qu'il n'avait, depuis des années, aperçus que de loin, pour les fuir aussitôt comme un menaçant épouvantail. Mais qu'il y avait de distance entre sa surprise et celle de Brian !

Il eût voulu trouver ce dernier vieilli comme lui, glacé comme lui, brisé comme lui, — plus que lui! — Et il le revoyait toujours jeune, toujours fort, toujours plein de sève et de vie! Cette force et cette sève n'insultaient-elles pas à son épuisement? cette jeunesse ne raillait-elle pas sa décrépitude? N'était-ce point, de la part de cet homme sain de corps et d'esprit, un suprême outrage que de venir se poser devant un valétudinaire menacé de folie?

C'était bien là un dernier coup digne de tous les autres! L'ardent persécuteur était là pour jouir de l'agonie de sa victime ; l'héritier venait supputer les jours, les quelques jours qui restaient entre lui et la possession d'incalculables richesses, des châteaux de White-Manor, des parcs, des étangs, des forêts de White-

Manor, du nom, du titre, de la pairie de White-Manor, — de tout !

Et nul moyen de lui ravir cet héritage, nul, si ce n'est de vivre ! Mais la vie s'échappait. Le comte se sentait glisser, quoi qu'il en eût, vers la tombe. Il se voyait dépérir, aujourd'hui surtout qu'il comparait sa faiblesse à la vigueur de son frère.

Brian était devant lui, plus robuste que jamais. Il semblait faire parade de sa santé de fer. Il cambrait sa taille élégante et ferme ; il carrait sa large poitrine ; il semblait dire en un mot :

— Ne vous pressez pas, milord mon frère. Trépassez à l'aise et prenez votre temps pour mourir... Je puis attendre.

Odieuse pensée ! White-Manor ne put l'avoir et garder en même temps ces faux semblans d'hospitalière bienveillance qu'il avait essayé d'abord de mettre en avant. Sa haine prit le dessus et flamboya dans son regard, tandis qu'un sourire amer relevait et faisait trembler les coins de sa lèvre.

Quiconque connaît les plus vulgaires secrets du cœur humain comprendra l'immensité de cette haine. Brian l'avait attaqué, Brian l'avait vaincu — et Brian était son héritier.

Celui-ci avait repris sa froideur. Il suivait avec une sorte de curiosité méprisante les efforts que faisait le comte pour rattacher son masque d'hypocrite bienveillance. Peu à peu il perdait jusqu'au souvenir de sa pitié première et ne retrouvait au dedans de soi que des pensées hostiles.

De sorte que, au bout de quelques secondes passées à s'observer mutuellement et avant qu'aucune parole eût été prononcée, les deux frères en étaient revenus à se mesurer de l'œil comme deux ennemis qui vont se prendre à la gorge.

White-Manor rompit le premier le silence.

— Que voulez-vous de moi, mon frère ? dit-il d'une voix doucereuse que démentait énergiquement l'expression de son visage ; — êtes-vous venu voir les progrès du lent supplice que vous me faites subir ?... Je suis bien malade, Brian, vous devez être satisfait.

— Milord, répondit Lancester en s'inclinant, j'allais m'informer des nouvelles de la santé de Votre Seigneurie... Je suis peiné de vous trouver malade... Quant à l'accusation que vous portez contre moi d'être cause de votre souffrance, je crois que Votre Seigneurie fait tort à sa joyeuse vie d'autrefois et me prête un pouvoir que je n'ai point...

— La vipère qui tue, monsieur, est obscure et faible. Un enfant peut l'écraser du pied.

Brian ne sourcilla pas, et le comte, regrettant aussitôt cette parole échappée à sa haineuse colère, balbutia d'un ton d'embarras :

— Je voulais dire... mais on ne se croit pas

obligé, entre frères, de peser scrupuleusement ses expressions.

— Je suis de votre avis, milord, dit froidement Lancester. Entre frères qui s'aiment on peut tout se dire. Je prie Votre Seigneurie de ne se point gêner.

White-Manor dissimula son trouble sous une grimace de malade, et fit signe à Gilbert de lui avancer un fauteuil.

— Veuillez donc reprendre votre siége, dit-il à Brian. Je vous demanderai, pour moi, la permission de m'asseoir... Maintenant, comme il est trop vrai que nous n'avons point coutume de nous voir fréquemment, je vous prierai encore une fois de me dire le motif de votre visite.

— Je suis venu pour parler sans témoin à Votre Seigneurie, répondit Lancester en s'asseyant, — et j'attends qu'on nous laisse seuls tous deux.

White-Manor hésita visiblement. Son regard sembla de nouveau faire comparaison entre la force de son frère et sa propre faiblesse. Un effroi manifeste se peignit sur ses traits flétris.

— Seuls tous deux! répéta-t-il. — Gilbert Paterson est un digne serviteur, mon frère; d'habitude, il ne me quitte jamais.

— Vous n'étiez donc pas loin, milord, cette

nuit où Gilbert Paterson, ce digne serviteur, lança vos valets armés de fouets contre le fils de votre père?

— Ce fut une chose très regrettable, Brian, balbutia le comte; — Gilbert fut sévèrement puni...

— Mais il ne fut pas chassé, interrompit Brian, dont la voix toujours libre et calme ne laissait rien percer de l'amertume qui soulevait son cœur. — Milord, vous êtes le maître en votre maison, et il me siérait mal de trouver mauvaises vos prédilections pour un serviteur...

— Voulez-vous que je le chasse? dit vivement le lord.

— Pour un serviteur si digne, ajouta Lancester ; — que vous le chassiez ou non, peu m'importe, sur ma parole ! — Mais l'affaire qui m'amène est grave... très grave... pour moi, milord, — et pour vous. La présence de ce valet me gêne.

Le comte réfléchit pendant une minute, puis il se leva sans aide et gagna la porte en disant :

— Suivez-moi, Gilbert... Brian, je suis à vous à l'instant, et nous serons seuls.

Quelques secondes après, en effet, le comte reparut, mais, au lieu de revenir s'asseoir en face de Brian, il prit un siége auprès de la table qui tenait le centre du salon, et, sur le riche tapis qui la recouvrait il déposa ostensiblement une paire de pistolets.

— Ceci vous prouve, Brian, dit-il de ce ton bref et dégagé des gens qui ont pris leur parti, — ceci vous prouve que nous allons causer sérieusement et franchement. Je vous hais, vous le savez bien ; j'ai peur de vous, il est possible que vous ne l'ignoriez pas. Je vous crois capable de tout, et voici deux témoins qui, pour être muets, rempliront néanmoins l'office de Gilbert Paterson... Je vous écoute.

Brian se prit à sourire avec pitié.

— Ah ! milord, dit-il, don Quichotte donnait des coups de lance aux moulins à vent ! C'était moins fou que de vouloir me combattre avec des pistolets, moi !... Ne comprenez-vous donc pas quelle aubaine ce serait pour moi d'être assassiné par Votre Seigneurie?

— Non, monsieur, je ne comprends pas, répondit le comte d'un air sombre. Les morts ne raillent plus.

— Sur mon honneur, cela vaudrait mieux encore pourtant que de me pendre sous vos fenêtres... Non, non, milord, vos pistolets ne vous sauveront point de mes atteintes, et il vous faudra d'autres armes pour soutenir la lutte, si vous repoussez la paix que je viens vous offrir.

— Quoi! s'écria le comte dans un premier

mouvement d'espoir, vous mettriez fin à votre implacable poursuite, Brian?

— Je vous ferai grâce, milord mon frère, répondit celui-ci en abaissant sur White-Manor son regard indifférent et hautain; — supposez que la voix du sang a parlé, que je suis las de frapper ainsi sur un frère, las d'accabler un ennemi qui ne sait point se défendre, las enfin d'appeler les dédains du monde sur l'homme qui porte le nom vénéré de mon père...

— Ah!... fit avec défiance White-Manor, à qui la réflexion ramenait ses doutes; — vous avez des façons bien rudes de proposer la paix, monsieur.

— C'est que vous me semblez avoir atteint les dernières limites de la misère, milord. C'est que, tout incapable que je suis de revenir vers vous les bras ouverts, comme on revient à un frère, il me prend fantaisie de clémence. Vous êtes tombé si bas ! vous avez tant de honte d'être vous-même ! vous avez tant d'effroi durant le jour d'entendre autour de vous ces perçantes clameurs du monde que ma voix apaise ou soulève, et ces clameurs bourdonnent, si railleuses, si amères, si poignantes, la nuit, parmi vos insomnies !... Je ne suis pas un bourreau, et il me plaît aujourd'hui de mettre un terme à vos tortures.

White-Manor était pourpre. Chacune de ces paroles tombait comme un coup de massue sur son orgueil; cette pitié dédaigneuse l'écrasait. Un instant la colère monta en flots si abondans vers son cerveau, que sa main s'agita involontairement, tandis que son regard se tournait vers les pistolets avec convoitise.

Brian, lui, pensait sans doute avoir parlé suffisamment, car il avait pris un album dont il feuilletait les pages avec distraction.

En ce moment, il était redevenu l'homme que nous avons jeté brusquement sur la scène au commencement de ce récit, l'homme froid, insoucieux, possédant et poussant à l'excès, extérieurement au moins, le flegme britannique. Aucune pensée d'amour n'était en lui, à cette heure, pour fondre cette glaciale enveloppe.

C'était Brian, le terrible persécuteur qui se faisait arme de tout et frappait sans relâche, Brian l'*eccentric man*, raisonnant la folie, marchant vers un but sérieux par d'extravagantes voies, Brian qui, pauvre et sans priviléges, avait mis sous ses pieds un pair du royaume, protégé contre toutes attaques par un formidable faisceau de lois politiques, et si riche d'ailleurs que son or eût dû le faire invulnérable chez nous, où l'or est un bouclier magique.

La colère de White-Manor vint s'émousser et rebondir en quelque sorte contre ce flegme vainqueur. Il lui sembla impossible d'attaquer cet homme qui ne supposait pas même qu'on pût l'attaquer, et qui, dédaignant de suivre les mouvemens d'un ennemi armé, donnait son attention à de frivoles enluminures.

Les pistolets restèrent sur la table et le comte fit effort pour se recueillir.

— De sorte que, reprit-il après un silence, vous m'insultez aujourd'hui par un reste d'habitude et pour la dernière fois.

— Vous vous trompez, milord, répondit Lancester qui éloigna son album pour mieux voir l'effet d'un croquis ; — je n'insulte point Votre Seigneurie. Seulement je mets à nu les tristes extrémités où je la vois réduite.

— Vous faites, en un mot, comme ces marchands qui déprécient une denrée pour l'avoir à plus bas prix.

— Pas tout à fait... Le commerce ne me paraît point offrir d'objet de comparaison convenable... Je déprécie, moi, milord, pour avoir un prix meilleur.

— C'est donc un marché sans vergogne que vous venez me proposer ?

— C'est une capitulation, milord... Vos ancêtres et les miens tiraient rançon de leurs prisonniers de guerre.

— Et m'est-il permis, monsieur, de vous présenter la contre-partie de ce tableau, peint avec de si sombres et habiles couleurs ?

— Assurément, milord, répondit Brian qui ferma son album et voulut bien devenir attentif.

—C'est de votre part beaucoup de condescendance, reprit le comte essayant de railler à son tour. — Monsieur, je suis très malheureux, il est vrai, très malheureux par votre fait; mais vous qui parlez si haut, pensez-vous donc être dans une position meilleure? Plus vous me dites misérable et plus vous découvrez la profondeur de vos propres misères, car l'envie est un aveu, — un hommage! — et vous êtes jaloux de moi. Vous êtes pauvre. Vous dont la prodigalité suffirait à dépenser une fortune royale, vous ne possédez pas un farthing... Moi, je suis pair du royaume, monsieur, et riche à millions... Je vous comprends, et devine, croyez-moi, l'objet de votre visite. — Mais, par le nom de Dieu, mon frère, je vivrai encore assez de jours pour exercer rudement votre patience, et vous agissez en homme sage de venir à moi, pour faire la paix, comme vous dites, et trouver les moyens de rompre avec cette triste existence de famine et de dettes qui est la vôtre depuis si longtemps... Seulement il serait prudent à vous, peut-être, de prier au lieu de menacer.

Brian ne répondit point tout de suite, comme s'il eût voulu donner au comte le temps d'allonger sa harangue.

— Milord, répliqua-t-il enfin, il y a un peu de vrai dans tout ceci et beaucoup d'erreurs. Je suis pauvre et ne songe guère à le nier, mais le temps des dettes est passé pour moi : je n'ai plus de crédit.

— Voudriez-vous me faire croire que vous vivez de vos œuvres? demanda White-Manor avec sarcasme.

— Non, milord : je ne sais rien faire.

— Et pourtant, vous vivez...

— Au grand déplaisir de Votre Seigneurie, c'est vrai. Mais je n'emprunte pas : on me fait l'aumône.

— Quoi! s'écria White-Manor, en tressautant sur son fauteuil, — auriez-vous poussé la folie jusque-là? auriez-vous oublié le nom que vous portez au point de mendier?...

— Milord, interrompit Brian, je ferai observer à Votre Seigneurie que la mendicité est sévèrement interdite, même aux frères cadets des membres du haut Parlement, en faveur desquels le bon sens et l'humanité commandaient, selon moi, une exception... Je subis l'aumône et ne la provoque point... Mais ne trouvez-vous pas comme moi que c'est assez de paroles et qu'il faut en venir au fait. Pour une raison ou pour une autre, je viens vous offrir la paix ; la voulez-vous?

— C'est suivant le prix où vous prétendez la mettre.

— Le prix?... répéta Brian.

Il hésita. Évidemment cette question le trouvait au dépourvu.

— Que vous faut-il, monsieur? demanda encore le comte.

— Milord, répondit enfin Brian d'une voix lente et grave, je ne sais pas au juste ce qu'il me faut... mais il me faut beaucoup... Il me faut la faculté de puiser à la caisse de Votre Seigneurie, jusqu'à concurrence... de mon bon plaisir, milord!

III

PITIÉ, MON FRÈRE !

A cette demande exorbitante, le comte demeura un instant stupéfait. Il regarda son frère en face, comme pour chercher sur son visage une explication sensée de ces extravagantes paroles. Cet examen ne le dut point satisfaire, car les traits de Brian, calmes et résolus, donnaient une portée toute sérieuse à sa proposition.

— Mais c'est toute ma fortune que vous me demandez, monsieur ! s'écria enfin le comte avec plus d'étonnement que de colère ; — il est impossible que vous espériez m'amener à cela.

— Milord, c'est toute votre fortune en effet, répondit Brian ; — mais il se peut, songez-y, que je me borne au quart... à la moitié... on ne sait pas... Quant à l'espoir que Votre Seigneurie suppose impossible, jamais, sur ma parole, je n'en eus de plus réel et de mieux fondé...

Il s'arrêta et reprit presque aussitôt après d'un ton simple, posé, mais ferme :

— Il ne faut pas croire, milord, que je fais ici avec vous de la diplomatie, que je viens avec une arrière-pensée, que j'ai par devers moi, en un mot, quelque moyen vainqueur, à l'aide duquel je puisse éperonner Votre Seigneurie et la faire sauter le fossé en aveugle... Si j'étais homme à ne point dédaigner ces expédiens, peut-être pourrais-je en effet engager la bataille sur ce terrain, — car je connais votre passé, milord mon frère, beaucoup plus que vous ne le pensez...

— Mon passé, monsieur, voulut interrompre le comte, est celui d'un gentilhomme, et c'est en vain que vous essaieriez de m'effrayer par de vagues menaces. Je ne crains point qu'on éclaire ma vie...

— Si fait, milord, dit Brian, vous le craignez, — et vous avez raison de le craindre si vous n'avez point oublié que Votre Seigneurie eut une femme et une fille. — Une femme dont le monde a oublié le honteux martyre, une fille dont, morte ou vivante, l'œil de Dieu tout seul a pu suivre le mystérieux destin.

—Oseriez-vous supposer!.. s'écria le comte.

— A coup sûr, je ne suppose rien de bon, milord mon frère. Mais brisons là. Encore une fois, je n'ai point à vous menacer ainsi par derrière. Mes armes sont autres et moins banales... Pardieu ! milord, ce serait vous faire aussi la partie trop belle que d'entamer la lutte sur ce terrain connu !.. Vous êtes riche assez pour faire mentir l'évidence, et les rieurs passeraient peut-être du côté de Votre Seigneurie... Non ! non ! point d'accusations ! C'est triste et c'est commun. Le monde m'applaudit à condition que je mènerai ce duel à son dénouement sans grimacer ni perdre mon sang-froid... Je ne suis pas un avocat, milord comte, je suis un gladiateur.

White-Manor suivait avec tension et fatigue cet étrange discours dont le sens échappait pour une bonne part à son intelligence épaissie. Il attendait une conclusion, une attaque directe, et tâchait de se tenir prêt à la parade. Mais Brian laissait ses idées s'enchaîner suivant la fantasque logique de son esprit. Tandis que le comte faisait effort pour comprendre ses dernières paroles, il changea brusquement de sujet.

— On m'a conté aujourd'hui, reprit-il, une histoire bizarre et touchante. Un instant, figurez-vous, milord, j'ai cru saisir de singuliers rapprochemens entre ces aventures d'une pauvre fille abandonnée et certaines notions que je possède sur l'existence privée de Votre Seigneurie... A Dieu ne plaise ! ajouta-t-il, tout à coup avec émotion, qu'il en soit ainsi que je l'ai un moment soupçonné... Avez-vous ici un portrait de madame la comtesse de White-Manor, Godfrey ?

— Pourquoi cette question? demanda le comte qui se troubla

— C'est une question de fou, milord, répondit Lancester en souriant ; — depuis huit jours, voyez-vous, je crois que je redeviens enfant. J'ai quinze ans de moins ; mes idées se groupent de façon à produire d'invraisemblables rêves ; il y a un roman dans mon cerveau et mes espérances tiennent de la féerie... Parce que cette jeune fille fut confiée aux mains d'un misérable...

— Quelle jeune fille ? dit involontairement White-Manor.

Brian regarda son frère en face, et fronça le sourcil avec colère.

— Si je croyais !... commença-t-il impétueusement.

Mais il n'acheva pas et reprit d'un ton froid :

— Une jeune fille que je cherche, milord, une jeune fille que j'aime et qu'on m'a enlevée, une jeune fille que Votre Seigneurie va m'aider à retrouver.

— Monsieur, dit le comte avec mauvaise humeur, ne jugerez-vous point à propos de me parler enfin autrement que par paraboles ? Je souffre trop pour me faiguer long-temps à deviner vos énigmes.

— Je vous prie de vouloir bien m'excuser,

milord, répliqua Lancester en saluant. Venons au fait, puisque Votre Seigneurie le désire. Je vous disais, je crois, que je ne me présentais point devant vous, muni des armes ordinaires de la discussion. J'irai plus loin. J'ajouterai que je suis entré chez vous sans savoir au juste ce que j'allais vous demander...

— De sorte que, interrompit le comte, votre requête de tout à l'heure est une improvisation. Je vous engage, mon frère, à la mûrir quelque peu, à lui donner une forme, à la borner par exemple, — ceci est un conseil d'ami, — à un ou deux milliers de livres.

—Je vous disais en outre, poursuivit Brian, comme s'il eût dédaigné de tenir compte de cette interruption, — que je suivrais, pour arriver à mon but, ma route habituelle, sans jamais descendre à ces pitoyables moyens qu'emploient entre eux les héros de tragédie. Je méprise presque autant la médisance, milord, que le poignard ou le poison.—En somme, je vous demandais un acte dument rédigé, qui me permît de tirer à discrétion sur la caisse de Votre Seigneurie.

— Encore, monsieur !...

— Toujours, milord. J'ai absolument besoin de cela.

White-Manor se tenait à quatre pour ne pas rompre violemment cette entrevue; mais la crainte que lui inspirait Brian contrebalançait sa colère. Il voulut essayer de la discussion, même sur cette inconcevable ouverture.

— Monsieur, dit-il, je devrais hausser les épaules et me taire, car c'est véritablement folie que de donner à vos paroles une sérieuse attention. Mais le fait est piquant, et, je vous prie, que prétendez-vous faire de ma fortune?

— C'est pour cette jeune fille, milord, répondit Brian le plus simplement du monde.

— Et vous pensez que je me dépouillerai, moi, pour une inconnue?...

— J'y compte, milord, positivement.

White-Manor s'agita sur son fauteuil, en proie

à une colère qui avait bien son côté comique. Pour lui, Brian était invulnérable, même dans cette discussion où il n'y avait point de foule railleuse à l'entour pour applaudir l'un des interlocuteurs et bafouer l'autre impitoyablement. Brian était invulnérable, parce qu'il jetait sur le tapis son extravagante requête, appuyée par sa volonté seule et non point par des argumens qu'on pût à la rigueur discuter ou rétorquer. White-Manor, fermement résolu à ne point accorder le crédit exorbitant qu'on lui demandait, devait demeurer sans réponse, une fois son refus exprimé. La seule voie ouverte pour faire cesser ce conflit ridicule était évidemment de montrer la porte et d'user du droit rigoureux qu'a tout homme de demeurer en repos dans sa maison ; mais White-

Manor n'avait garde. Au fond de cette situation bizarre, il y avait un élément réel de terreur, et les moyens bourgeois n'étaient point de mise vis-à-vis d'un importun comme Brian de Lancester. Le comte, après tout, malgré son formel dessein de se raidir, ne savait trop s'il ne devrait point plier en définitive. Il ignorait le fond de la pensée de Brian, et se trouvait dans la position d'un homme qui, les mains liées en face d'un ennemi implacable, le verrait tourner autour de lui et sourire, et danser comme font les sauvages autour du bûcher de leurs captifs, sans pouvoir deviner de quel côté doit partir le trait mortel, sans pouvoir parer, prendre garde ou se défendre.

Brian pouvait pousser l'audace jusqu'à la folie, mais il y avait de la réflexion dans ses témérités, et, si soudains que fussent ses coups de tête, un calcul rapide et profond les devançait toujours. Ceux qui, en toutes choses, n'aperçoivent que les surfaces, les gens à courte vue, cette congrégation de myopes, en un mot, que l'on appelle le monde, n'étaient point éloignés de penser que Brian, aveuglé par sa haineuse fantaisie, frappait en enfant irrité, au hasard. Mais ici, comme souvent, le monde se trompait. Brian, dès le commencement de la guerre, avait une tactique et un but : tactique étrange, mais merveilleusement habile, but lointain, hors de portée peut-être, mais sans cesse convoité.

Son ennemi, ce n'était point alors son frère

tout seul; c'étaient son frère et le droit d'aînesse.

Maintenant, la pensée de Lancester subissait une transformation. L'amour y mêlait le contingent d'égoïsme que ce sentiment apporte partout et toujours après soi. Brian, à l'heure dont nous parlons, n'était plus le pur champion d'une idée. Il lui fallait, au bout de la lutte, les dépouilles opimes, et le triomphe seul n'enflammait plus ses désirs.

Bien plus, il en était venu à mettre à rançon son adversaire.

Mais ce changement ne portait que sur le but. Ses moyens restaient les mêmes; sa force n'avait point décru.

— Milord, reprit-il avec ce sans-façon sentimental des gens habitués à déverser le ridicule et à ne le point subir, — je vous demande pardon pour ma faiblesse : je suis amoureux... Vous ne souriez pas?... Tant mieux ! je m'attendais à vous voir sourire... Je suis amoureux comme on ne l'est qu'une fois en sa vie, amoureux au point de sacrifier tout à mon amour, — tout, milord, jusques au but de ma vie entière !

White-Manor ne répondit point, mais son visage prit une apparence plus calme. Un espoir lui vint. La cuirasse d'un cœur qui aime a de nombreux défauts. White-Manor devint plus attentif et son œil éteint eut comme un éclair de pénétration hostile et cauteleuse.

Lancester ne songeait guère à le surveiller.

— Le souvenir évoqué de son amour tout neuf et auquel son cœur ne s'habituait point encore, mettait de la joie et de la rêverie sur ses traits énergiques. Les obstacles et le péril disparaissaient pour lui en ce moment, tant il avait la ferme espérance de briser les uns et de conjurer l'autre. Il souriait doucement à l'image absente de Susannah, et ne tenait compte aucun de la présence de son frère.

— Oh! oui, je l'aime! murmura-t-il avec un tel élan de passion que White-Manor éleva son lorgnon pour le considérer mieux. — Je me suis senti vivre pour la première fois en savourant son premier sourire; le son de sa voix a fait vibrer une corde muette en un coin ignoré de mon cœur. Elle m'a révélé toutes les joies que l'homme peut espérer ici bas et que je dédaignais naguère, aveugle et misérable que j'étais! — C'est bien vrai, cela, milord. Mon avenir luit maintenant par de là quelques jours d'épreuves. J'espère, oh! j'espère ardemment! J'ai foi en Dieu; mon âme rajeunit et s'épure... Savez-vous, milord! je suis capable de ne plus vous haïr!

— Il faut en effet que vous aimiez beaucoup, dit froidement White-Manor.

— Beaucoup! répéta Lancester, comme s'il eût trouvé le mot insuffisant et faible; davantage encore, Godfrey! — savais-je hier qu'on pût aimer le quart de mon amour?... J'aime avec réflexion, avec volonté et j'aimerais malgré moi si ma volonté se montrait rebelle. J'aime... Mais me comprenez-vous ?

A cette brusque question, les traits du comte s'épanouirent en une gaîté railleuse et grossière.

— Oui, monsieur, oui, monsieur! répondit-il, et jamais, sur mon salut, confidence amoureuse ne m'a rendu plus aise... Ah! vous aimez tant que cela, monsieur!

Le ton de White-Manor, hypocritement contenu, changea tout à coup avant que Brian pût répondre. Il poursuivit avec éclat :

— Et vous venez m'imposer d'insolentes conditions, me demander ma fortune, que sais-je, moi ! vous venez, la menace à la bouche, comme un bandit de grande route, me dire : Donne ou je frappe... Et vous aimez tant que cela !

Brian s'était tourné vers le lord, et le regardait, tranquille toujours, bien qu'il pressentît une violente attaque.

— Mais, monsieur, mais, monsieur ! reprit le comte qui bégayait de colère et de joie, — ne voyez-vous donc pas que mon esclavage cesse?... Ne voyez-vous pas que nos rôles changent, que je suis fort, que vous êtes faible?... Ah ! vous aimez... ah ! vous aimez!...

Le sang montait abondamment vers le cerveau du comte et mettait des marbrures noirâtres sur l'émail trouble de son œil. Sa voix s'embarrassait, ses lèvres épaissies avaient de convulsifs tressaillemens. Brian l'examinait en silence.

— Vous venez me dire cela, imprudent que vous êtes ! poursuivit White-Manor en prenant sur la table ses pistolets qu'il arma bruyamment.—Savez-vous que j'aurais donné mille guinées à quiconque m'en eût apporté la nouvelle !... Quand on aime tant, monsieur, on a peur de mourir,— et, par le nom de Dieu, les pistolets deviennent une arme dont on peut se servir maintenant contre vous !

Brian fit un geste de mépris et se dressa de toute sa hauteur, comme pour offrir un but plus large et plus sûr aux coups de son frère.

— Milord, dit-il, discuter sur ce ton ne convient point entre gentlemen, et vos façons me décident à brusquer le dénouement de cette entrevue... Voulez-vous, oui ou non, signer l'obligation que je demande à Votre Seigneurie?

— Non, mille fois non! s'écria le comte. Je veux que vous sortiez de chez moi, reconduit par mes valets; je veux que vous passiez sur-le-champ cette porte que je vous défends de franchir jamais... Je vous chasse, monsieur... Et, usant du droit de tout Anglais dont le domicile est violé par un espion ou par un voleur, je vous menace, si vous ne sortez pas à l'instant même, de vous jeter mort sur le carreau.

— Et moi, je vous mets au défi d'exécuter votre menace, dit Lancester qui croisa ses bras sur sa poitrine et s'avança lentement vers son frère en le couvrant d'un regard fixe et froid.

Le comte leva ses deux pistolets à la fois. Brian n'était plus qu'à trois pas de lui. Les traits apoplectiques de White-Manor exprimaient un farouche désir de tuer, combattu par la peur.

— N'avancez pas ! n'avancez pas ! dit-il d'une voix suffoquée.

Brian fit les trois pas, nonobstant cet ordre menaçant, et sa main s'appuya, pesante, sur l'épaule de son frère, qui retomba, dompté, dans son fauteuil.

— Vous allez voir tout à l'heure, milord, dit Lancester d'un ton simple et imprégné d'une nuance de tristesse; — vous allez voir si j'ai peur de mourir. Ce que je viens de faire ne peut servir de preuve. Je savais que vous n'oseriez pas!...

Il prit, l'un après l'autre dans les mains de son frère, qui n'opposa aucune résistance, les deux pistolets, et les jeta au loin sur le tapis, après avoir remis les batteries au repos. White-Manor était pâle et tremblait. Ses yeux, dégagés par un reflux soudain du sang qui les remplissait, avaient perdu leurs reflets rougeâtres et ne gardaient que leur effrayante fixité.

— Milord, reprit Lancester, vous vous êtes étrangement trompé. Cet amour dont vous avez accueilli si joyeusement la nouvelle était le plus grand malheur que vous pussiez redouter. Seul, j'aurais continué sans doute à combattre en vous le représentant et le bénéficiaire d'un principe odieux, injuste, contre nature; mais je ne me serais point hâté. Aujourd'hui, je deviens pressant, intraitable... Il ne peut plus y avoir de moi à Votre Seigneurie ni pitié ni trêve. Je veux être riche, riche à millions... Je le veux.

— Vous le voulez!... répéta White-Manor avec une fureur impuissante.

— Je le veux !

Il y eut un instant de silence après ce mot, prononcé par Brian d'un ton si plein d'autorité impérieuse et de péremptoire confiance, que le comte baissa la tête en murmurant d'inintelligibles refus.

— Ne le faut-il pas, milord? reprit Lancester au bout de quelques secondes ; — comme elle est la meilleure, la plus sainte, la plus belle, ne doit-elle pas être aussi la plus brillante, la plus enviée, la plus heureuse ?... Ah ! ne pensez pas que tout votre or puisse suffire à me rendre digne d'elle !... Si je vous le demande, c'est pour qu'aucune splendeur ne lui manque, c'est pour qu'elle marche l'égale en noblesse et en fortune de toutes ces femmes sur qui Dieu lui donna tant d'infinies supériorités... Milord, nous sommes les fils d'un même père. Vous avez joui un temps sans partage de la fortune commune : à mon tour désormais !

— Les lois sont pour moi, bégaya le comte, pris d'une sérieuse épouvante ; — les lois me protègeront...

— Non, milord ; entre nous deux les lois n'ont rien à faire... Pensez-vous donc que j'aie l'intention d'user de violence envers Votre Seigneurie?... Fi, Godfrey ! ce serait pitoyable ! les lois alors interviendraient en effet, et vous couvriraient de leur aveugle égide... Ne sont-elles pas faites pour cela?...Nous sommes deux frères. L'un de nous est usé par le vice ; les excès de tous genres ont paralysé son corps et son esprit ; c'est un être misérable, sans foi, sans cœur, réprouvé par son passé, supportant avec blasphèmes les restes d'une vie à charge aux autres comme à lui-même... celui-là est pair d'Angleterre. — L'autre est jeune, fort, éprouvé, sans reproches, mais il n'y avait place que pour un seul convive au banquet des priviléges politiques. Celui-là n'est rien. De quel droit, n'est-ce pas, prétendrait-il se révolter ou seulement se plaindre?... Ah! vous avez raison : la loi le guette; la loi le rejettera, brisé, dans son néant, s'il essaie de se relever ; la loi étouffera ses cris s'il ouvre la bouche. La loi est pour vous qui l'avez faite, et la loi est toute-puissante... Mais vous le savez bien, milord, moi je ne me plains pas, moi je n'attaque pas. J'ai mes façons d'agir qui restent toujours dans les limites de la légalité la plus scrupuleuse... Par exemple, Votre Seigneurie sera de mon avis : Je ne connais point de loi qui défende à un Anglais d'ouvrir une fenêtre et de se briser le crâne contre les pavés de la rue.

Le comte regarda son frère d'un air hébété. Celui-ci se dirigea vers la fenêtre.

— Elle mourra si je meurs, poursuit-il lentement et sans plus s'adresser à son frère. J'ai réfléchi. Non ! oh ! non, je ne veux pas l'unir à ma vie d'indigence et d'obscurité...Dussé-je la retrouver par mes propres forces, n'eussé-je point besoin d'or pour l'arracher aux mains de ses ténébreux ravisseurs, il me faudrait encore les millions que cet homme m'a volés pour la parer comme une idole et la montrer au monde si radieuse que le monde ébloui courberait le front et adorerait... Milord, continua-t-il tout haut, derrière cette fenêtre il y a foule... entendez-vous?

Il se faisait en effet grand bruit dans Portland-Place. Une cohue compacte encombrait les trottoirs, s'entretenant de la grande nouvelle du jour, — de l'assassinat tenté à Kew sur la personne de S. A. R. la princesse Alexandrine-Victoria de Kent.

Lancester mit la main sur le ressort de la croisée.

— C'est une foule avide et curieuse, milord,

reprit Lancester. Ecoutez comme les voix se mêlent confuses, pressées, loquaces... Nous n'aurions pu choisir un public plus nombreux et plus convenable pour notre dernière comédie.

— Au nom du ciel ! que prétendez-vous faire ? demanda le comte en se levant à demi.

— Restez, milord. — Je vous l'ai dit : il me la faut riche et heureuse... En outre, ce que vous ne savez pas, cette jeune fille aimée jusqu'à l'idolâtrie m'a été enlevée il y a une heure, enlevée par des hommes redoutables et puissans... oui... je dois les croire puissans... Votre or, — mon or, Godfrey, car depuis quinze ans vous avez mangé votre part du patrimoine de Lancester, mon or m'eût servi à la sauver d'abord, puis à lui créer ici bas un paradis... Vous me refusez : je vais la venger.

Brian pesa sur le ressort. Le châssis inférieur de la fenêtre monta en grinçant le long de ses rainures, laissant libre une large ouverture, par où le fracas de la rue s'élança dans le salon de White-Manor.

Le comte se leva, éperdu.

— Prenez garde, monsieur ! s'écria-t-il ; — vous êtes chez moi. Si vous jetez mon nom à cette foule, comme c'est votre dessein, sans doute, parmi des calomnies et des outrages, le châtiment suivra de près l'insulte...

Brian monta sur l'appui de la fenêtre.

— Vous ne me comprenez pas, milord, dit-il avec un calme hautain. Je ne prononcerai qu'un mot ; ce mot ne sera point le nom de Votre Seigneurie... Encore une fois, voulez-vous signer l'obligation que je vous demande ?

— Non, répondit White-Manor.

— Eh bien, Godfrey, adieu ! Je vous jure sur mon salut que vous regretterez plus d'une fois cette parole avant de mourir !

Brian se pencha en équilibre au dessus de la rue.

— Comme cette foule est épaisse ! murmura-t-il. Je voudrais gager qu'il y a là plus de mille hommes réunis. Parmi ces mille hommes, pas un n'ignore le nom du noble maître de cette maison ; pas un n'ignore non plus l'inimitié qui nous sépare... Car j'ai fait ce que j'ai pu pour nous rendre célèbres vous et moi, Godfrey.

— Vous annonciez le dénouement de cette comédie, monsieur ! dit White-Manor d'un ton provoquant et railleur.

Car la menace qui tarde à se réaliser redonne du courage aux cœurs les plus couards.

— Je vous prie de m'excuser, milord, répondit froidement Lancester ; — je cherche ici dessous une petite place pour me briser le crâne et n'en vois point de vide.

Le comte haussa les épaules.

— Prenez votre temps, dit-il en se rasseyant.

— Je vous rends grâces, milord... Comme je le disais à Votre Seigneurie, le fait de me voir tomber mort sur le trottoir de Portland-Place n'étonnera aucun de ces braves gens... ils nous connaissent.

— Qui donc oserait m'accuser d'un meurtre? prononça dédaigneusement White-Manor.

— Tout le monde, milord... mais je crois que j'aperçois le sol... Tout le monde, disais-je, car le cri de détresse d'un mourant est chose qu'on ne songe point à révoquer en doute...

— Miséricorde! s'écria le comte qui comprit

tout d'un coup et demeura comme frappé de la foudre ; — c'est une infâme perfidie, Brian !

— N'aviez-vous pas tout à l'heure le ferme vouloir de me brûler la cervelle ?... Ce n'est pas même un mensonge... Et puis, au jeu que nous jouons, milord, on n'y regarde pas de si près... Je n'accolerai aucune épithète outrageante au noble nom de Votre Seigneurie ; je... mais la foule ne s'ouvre pas souvent, milord : il faut profiter du moment. Vous entendrez, du reste, comme tout le monde, le mot que je prétends prononcer.

Brian fit un mouvement comme pour s'élancer.

— Arrêtez ! s'écria White-Manor ; — quel mot ?...

— Je crierai : — Pitié mon frère !!

White-Manor tomba sur ses genoux. De grosses gouttes de sueur roulaient le long de ses tempes.

— Pitié! prononça-t-il en un râle déchirant; — c'est moi qui vous demande pitié!

IV

UN REVENANT.

White-Manor était vaincu. Son esprit paresseux avait tardé à comprendre, mais il comprenait à la fin la portée véritablement terrifiante de la menace de Lancester. Jusque alors il n'avait vu dans l'action de son frère qu'un suicide, et en avait éprouvé plus de joie que de douleur. Mais ce suicide allait le tuer lui-même, et le tuer après l'avoir rendu infâme aux yeux du monde.

Nul n'ignorait, en effet, la haine invétérée et profonde que se portaient les deux frères, et Brian, tombant d'une fenêtre de la maison du comte en criant pitié, passerait aux yeux de tous pour la victime d'un odieux assassinat.

White-Manor dut capituler. Il promit de signer tout, fût-ce sa ruine complète, et supplia Brian à mains jointes de ne point attenter à sa vie.

Certes, la situation était extraordinaire, et cette terrible *eccentricity*, connue du fashion de Londres, eût suffit toute seule à mettre en lumière le premier venu, un squire du sud, un lionceau de Birmingham, fabricant de lancettes ou non, un poète gallois, un M. P. (1) ivrogne et rouge, — n'importe qui, — et à lui donner du jour au lendemain une réputation colossale.

M. le vicomte de Lantures-Luces, biographe juré de tous les élus de la mode, en aurait payé la primeur une guinée pour le moins.

De fait, il n'y avait peut-être pas au monde

---

(1) M. P., abréviation inévitable de Membre du Parlement.

un autre moyen d'amener le comte de White-Manor à une concession aussi exorbitante. Quant à la moralité de l'acte, nous sommes en Angleterre, où l'opinion de Brian, touchant le droit d'aînesse, commence à recruter de nombreux adhérens. Or, une fois cette opinion admise, son argumentation devient inattaquable. Son frère avait joui quinze ans sans partage; il n'était plus temps de partager.

Contre la loi du plus fort, d'ailleurs, il est de jurisprudence morale que le plus faible a droit de stratagème.

Et puis Brian aimait...

Il referma la croisée avec autant de calme

qu'il en avait mis à l'ouvrir, et tendit la main au comte pour l'aider à se relever. Tous deux s'avancèrent vers la table où White-Manor s'assit et traça convulsivement sa signature au bas d'une feuille de papier blanc.

— Tenez, monsieur, dit-il d'une voix éteinte; me voici désormais à votre discrétion... cela vous suffit-il?

— Milord, répondit Brian, je préférerais que Votre Seigneurie voulût bien écrire au dessus de son seing une obligation en forme.

White-Manor reprit en frémissant la feuille de papier et se mit à la remplir. Tandis qu'il écrivait rapidement, l'une des portes du salon s'ouvrit sans bruit, et Paterson, foulant le tapis avec tout plein de précautions, traversa la pièce en ayant soin de décrire une large courbe autour du fauteuil de Lancester. Il arriva auprès de son maître avant que celui-ci l'eût aperçu, et déposa sur la table, devant ses yeux, un petit carré de papier sur lequel y avait un nom écrit au crayon.

Le comte n'eut pas plus tôt déchiffré ce nom, qu'il repoussa violemment son fauteuil en arrière, et regarda effaré autour de soi.

— Les morts reviennent-ils donc? murmura-t-il avec une sorte d'horreur; — ou ma tête se perd-elle?

— Ce gentleman qui a mis son nom sur le

papier désire parler sur-le-champ à Votre Seigneurie, dit Gilbert Paterson.

— Est-il vivant? balbutia White-Manor, sans se rendre compte de ce qu'il disait.

Paterson crut avoir mal entendu et répéta son message. L'agitation de White-Manor atteignait son comble.

— Il faut que je le voie! dit-il enfin en se levant; — il faut que je le voie tout de suite... Oh! que Dieu ait pitié de moi! Mes idées se troublent... J'ai vu mourir cet homme... Brian, excusez-moi... Cet acte, tel qu'il est, vous suffirait amplement pour me tenir sous vos pieds comme un esclave... Mais je vais revenir, je vais le compléter, me perdre tout à fait... Attendez-moi... Sur mon âme, moi aussi, je me briserai le crâne, mais ce sera pour tout de bon!

Il se tourna vers Gilbert Paterson, qui l'écoutait avec une curiosité étonnée, et ajouta brusquement :

— Où est cet homme?

— Dans le parloir, milord, répondit l'intendant.

Le comte se dirigea vers la porte d'un pas pressé que n'avaient point pris ses jambes depuis bien long-temps.

Brian resta seul.

Il attendit un quart d'heure, puis une demi-heure. Le comte ne revenait point. La patience n'était pas la qualité dominante de Lancester. Pour tuer le temps, il s'approcha de la table afin de lire l'acte commencé. Son regard tomba par aventure sur le carré de papier apporté par Gilbert Paterson, et il lut, écrit au crayon en toutes lettres, le nom d'Ismaïl Spencer.

Sa stupéfaction et son trouble furent presque aussi grands que ceux de son frère. Tous ces vagues soupçons éveillés en lui par le récit de Susannah, se représentèrent soudain à son esprit. Il vit le comte mêlé au drame ténébreux de Goodman's-Fields; il voulut s'élancer pour se mettre en tiers dans l'entrevue qui avait lieu tout près de lui. Mais il était trop tard déjà. Le comte reparut à ce moment, souriant et l'air presque joyeux.

— Pardon de vous avoir fait attendre, mon frère, dit-il. Je suis maintenant tout à vous.

Voici ce qui s'était passé dans le parloir.

Le comte, en quittant le salon où il laissait Brian, avait la tête aux trois quarts perdue. Le sacrifice inouï qu'il était forcé de faire, sa colère, tant de fois excitée durant son entretien avec Lancester, et tant de fois refoulée à grand'peine au dedans de lui-même, l'annonce enfin de cette extraordinaire visite d'un homme qu'il avait vu monter sur l'échafaud, vu de ses yeux, et tendre du poids de son corps inerte la fatale corde des suppliciés, tout cela se mêlait confusément en son intelligence frappée, et le jetait dans un état voisin de l'idiotisme.

Il entra dans le parloir l'œil fixe et morne, la bouche ouverte et n'ayant sur le visage d'autre expression qu'une vague épouvante. Gilbert Paterson entra derrière lui.

Mais l'homme qui attendait dans le parloir n'avait pas plus d'envie sans doute que Brian de jouir de la compagnie de maître Paterson; car sa première parole fut pour lui ordonner de se retirer.

Gilbert hésita et regarda son maître ; mais son maître n'était guère en état d'exprimer sa volonté. La vue du personnage debout au milieu du parloir semblait l'avoir pétrifié ; il s'était laissé tomber sur un siége et fixait droit devant soi des yeux dépourvus de vie.

Tyrrel l'Aveugle réitéra son ordre en fronçant le sourcil. Gilbert n'osa résister et prit la porte en murmurant.

— Eh bien! White-Manor, dit l'aveugle, je pense que vous ne vous attendiez guère à me revoir?

— C'est donc bien vous, Spencer? murmura machinalement le lord.

— En personne, par Moïse et le veau d'or, comte!...

White-Manor le parcourut des pieds à la tête d'un regard inquiet et craintif.

— Oh! vous pouvez me regarder tant que vous voudrez, milord, reprit Tyrrel en déployant la large surface de sa poitrine; — c'est bien moi... Ismaïl Spencer, votre serviteur très dévoué, qui, grâces en soient rendues au Dieu de Jacob, jouit d'une santé parfaite et se porte aussi solidement qu'âme qui vive.

— Mais... commença le lord.

— C'est ce que tout le monde me dit! interrompit Tyrrel en roulant un fauteuil vers le comte; — mais... mais... mais... Je suis devenu quelque chose comme une bête curieuse depuis que j'ai été pendu... Milord, il n'y a rien d'étonnant dans mon affaire, pourtant. Le docteur Moore vint me voir dans ma prison et me pratiqua au bas de la gorge une petite incision, dont il soutint les parois à l'aide d'un tuyau de plume... On appelle cela d'un nom fort bizarre... la pharyngotomie, je crois... Quand la corde me serra le cou, je respirai par dessous la corde, au moyen de mon incision... Mais ceci n'est rien, milord, et le docteur fit mieux que cela. Je vous le donne pour un homme habile... L'incision ne pouvait point, à la rigueur, empêcher la congestion cérébrale. Moore me dit : — Il faudrait que vous eussiez, au moment critique, au moment même, vous entendez bien, et non pas dix minutes auparavant, une forte jouissance, un énergique mouvement de joie. C'était difficile, White-Manor, n'est-ce pas? Sur la planche même de l'échafaud, en face du cercueil ouvert qui attend votre cadavre, on ne peut guère...

Tyrrel souriait, mais il était pâle.

— Eh bien! reprit-il avec cynisme, à force de chercher, nous trouvâmes un moyen, Moore et moi, de narguer la potence et de me rendre heureux, la corde au cou... Il y avait un misérable coquin de par le monde, que j'avais traité long-temps en esclave et qui avait fini par me trahir... Roboam, c'était son nom, milord, se repentait amèrement du mal qu'il m'avait fait. J'étais certain que, sur un geste d'appel, il renverserait tout obstacle pour s'approcher de moi... Le docteur me donna un poignard... Au moment suprême j'appelai Roboam qui s'élança vers moi et je le tuai...

Le comte fit un geste d'horreur.

— Cela établit énergiquement la circulation de mon sang, milord, poursuivit Tyrrel. La trappe bascula ; je fus pendu juste au bon moment... Après tout, ce pauvre diable de Roboam m'a été fort utile, comme vous voyez.

— Et qu'est-elle devenue ? demanda tout bas le comte avec une sorte de timidité.

— Elle ?... Ah ! milord, nous parlerons de cela une autre fois... Diable ! l'histoire serait longue et nous entraînerait fort loin...

— Vit-elle encore? interrompit le comte.

— Si Votre Seigneurie le permet, je lui dirai tout ce qui la concerne, — *elle*, — en bloc et en un jour... Elle était d'une fort belle santé, vous savez, mais les jeunes filles souvent se fanent tout à coup comme les fleurs...

— Elle est morte, Ismaïl?

— Vous êtes curieux, White-Manor, dit Tyrrel avec un singulier accent de raillerie, — comme un bon père qui aurait perdu son enfant... Patience!... Aujourd'hui, s'il vous plaît, nous ne nous occuperons point de ces bagatelles... Je suis venu pour autre chose...

— Mais un mot, un seul mot! insista le comte.

— Elle est morte... commença Tyrrel.

Le comte poussa un soupir équivoque, qui pouvait être pris très bien pour un soupir de soulagement.

— A moins qu'elle ne vive encore, acheva l'aveugle en riant; — par le dieu d'Abraham, je veux être rependu si j'en sais quelque chose!... Mais parlons raison... Voilà un an, milord, que je me suis fait homme comme il faut. J'honore le West-End de mes visites très fréquentes, et si vous ne viviez pas en ermite, vous eussiez eu le plaisir de me rencontrer plus d'une fois dans nos nobles salons... On m'y connaît sous le nom de sir Edmund Makensie... Un brave gentleman, milord, jouissant d'une fortune honnête, doux, sociable, inoffensif, et ayant eu le malheur de perdre la vue au Lahore, d'où il arrive en ligne directe... car j'avais oublié de vous dire cela, milord : je suis aveugle.

Les yeux de Tyrrel qui, durant la première partie de cet entretien, avaient paru jouir d'une mobilité très ordinaire, se firent tout d'un coup ternes et morts, et gardèrent cette fixité lourde des yeux frappés de cécité. Le comte y fut pris, malgré l'air goguenard dont Tyrrel avait prononcé ces mots : « Je suis aveugle, » et dit par manière d'acquit :

— Je vous plains, Spencer, je vous plains.

— Sir Edmund, s'il vous plaît, milord, répondit lestement le juif, qui fit rouler ses prunelles avec une surprenante agilité. — Quant à votre commisération, je vous en tiens bon compte; mais je n'en ai que faire... ma cécité ne m'empêche pas de voir le triste changement opéré chez Votre Seigneurie...

— Vous n'êtes donc pas aveugle ?

— Il me fallait un masque, milord. — Et puis je ne sais rien de tel que d'être aveugle pour distinguer les choses qui échappent aux plus clairvoyans... Mais revenons à vous... Vrai, White-Manor, vous n'êtes plus que l'ombre de vous-même.

— Je souffre beaucoup ! dit le comte d'un air sombre.

—Cela se voit, milord... et je voudrais parier que ce diable de Brian...

—Brian ! répéta le comte dont les traits se contractèrent ; —il est là... il m'attend !... Ah! Ismaïl ! Ismaïl ! tu viens de prononcer le nom de mon bourreau.

Tyrrel se frotta les mains.

—Ah! il est là!... murmura-t-il.

—Tu es déjà bien avant dans les tristes secrets de ma vie, Ismaïl, reprit le lord, dont la tête se penchait sur sa poitrine avec découragement ; —et d'ailleurs, que m'importe de parler?... cet homme m'a vaincu, m'a ruiné...

— Ruiné? dit Tyrrel en dressant l'oreille.

— Il vient de me faire signer un acte infâme! s'écria White-Manor d'un ton plaintif et presque larmoyant, — un acte qui me dépouille et le fait mon héritier de mon vivant.

Tyrrel respira.

— Bah! fit-il d'un air dégagé. — Après?

— Que voulez-vous de plus, Spencer?... Il ne manque à cet acte que quelques lignes. Je suis ruiné.

— Tudieu! milord, murmura Tyrrel d'une voix basse, mais vibrante, — que vous béniriez Dieu, n'est-ce pas, si votre frère mourait ce soir de mort subite?

White-Manor cacha sa tête entre ses mains.

— Non!... non!... non!... dit-il par trois fois, les dents serrées par sa rage qui voulait faire explosion ; — c'est un démon d'astuce, Ismaïl... Mes mains sont liées... J'ai peur de sa mort qui jetterait sur ma tête une accusation d'assassinat !...

— Bah! fit encore Tyrrel ; — à Londres, les morts s'oublient vite... Mais vous aimeriez mieux, peut-être, que Dieu laissât vivre son corps et frappât son esprit de folie !

— Fou! Brian, fou ! s'écria le comte en élevant les mains avec ardeur ; — oh ! je donnerais la moitié des jours qui me restent !...

— Lieux communs, White-Manor ! interrompit le juif; — il faut parler mieux et dire en bon anglais : — Je donnerais tant de livres sterling.

— La moitié de ma fortune, Spencer!

— Banalités, milord!... On vous demande un chiffre.

— Je donnerais... Mais c'est moi qui suis fou de vous écouter, Ismaïl!... fou de croire qu'un homme ait le pouvoir de dispenser la démence!... Il faut que je retourne vers Brian, qui s'impatiente peut-être et que j'ai tant sujet de ménager... Si vous avez quelque chose à me dire, hâtez-vous.

— J'ai à vous dire, milord, que c'est justement pour entretenir Votre Seigneurie de l'Honorable Brian de Lancester que je suis venu ce soir dans Portland-Place. J'avais réellement une affaire à vous proposer... Quant à ma question de tout à l'heure, je n'insiste pas, parce qu'une trop forte somme nécessiterait un contrat, et que vous pourriez vous mettre trop facilement à l'abri derrière votre inviolabilité de pair, lors même que ma qualité de pendu ne me tiendrait pas les mains liées... Donc, je vous demande purement et simplement quatre mille livres en bank-notes, comptant.

— Pourquoi faire ?

— Pour payer la folie de l'Honorable Brian de Lancester.

Le comte haussa les épaules avec impatience.

— Milord, dit le juif, ce n'est pas un jeu d'enfans. Faites apporter les bank-notes et je m'expliquerai... Je vous parle très sérieusement...

La gravité de Tyrrel fit une certaine impression sur le lord. — L'homme qui se noie, d'ailleurs, n'essaie-t-il pas souvent de s'accrocher au brin d'herbe de la rive, capable à peine de supporter la centième partie du poids de son corps! — White-Manor, loin d'en appeler à sa raison, tâcha de s'étourdir sur la bizarrerie des ouvertures du juif. Il repoussa la réflexion, et, content de jouer cette chance suprême, si faible qu'elle pût être, il agita une sonnette.

Paterson parut et reçut ordre d'apporter le portefeuille de son maître.

— Milord, reprit le juif lorsqu'il fut de nouveau seul avec le comte et en mettant la main sur les bank-notes étalées devant lui, — un homme jouissant de la plénitude de son bon sens peut être enfermé comme fou... Ce point de départ est fécond et vaut, lui seul, les quatre mille livres.

Le front de White-Manor s'était éclairé.

— C'est vrai, dit-il, mais il faudra du temps.

— Il faut du temps pour tout, milord, — plus ou moins, — ici, nous avons besoin d'une heure.

— Y pensez-vous ?

— J'y pense depuis le coucher du soleil, milord, et je fais mieux que d'y penser, j'agis... A l'heure où je vous parle, l'Honorable Brian de Lancester est déjà sur la route de Bedlam...

— Il est dans mon salon! interrompit White-Manor qui prit la métaphore au pied de la lettre.

Un sourire de pitié railleuse vint à la lèvre de Tyrrel.

— C'est peut-être que le salon de Votre Seigneurie, murmura-t-il, est une étape sur le chemin de Bedlam... Toujours est-il que je maintiens mon dire. Milord, veuillez m'écouter : ce matin, un maniaque s'est introduit au château royal de Kew et a tiré, dit-on, un coup de pistolet à la jeune princesse Victoria.

Le comte se souvint des voix qui s'étaient élancées en bruyant concert dans son salon, au moment où Lancester avait ouvert la fenêtre, et qui, toutes, dissertaient sur ce fait étrange.

— J'ai entendu parler de cela, répondit-il, et je crois deviner où vous en voulez venir. Mais comment établir que Brian?...

— L'Honorable Brian s'est chargé de cela tout seul, milord, interrompit Tyrrel, car c'est lui qui s'est introduit ce matin au château de Kew.

— Et qui a tiré sur la princesse?...

— On n'a pas tiré sur la princesse... mais on a maltraité des gardes, escaladé les murs de la terrasse, — tout cela pour prendre d'assaut la serre japonaise et y cueillir un camélia blanc veiné d'azur...

— Et vous êtes certain que c'était lui? dit le comte, dont un fougueux espoir venait galvaniser l'inertie.

— Parfaitement certain, milord.

White-Manor se leva vivement.

— Il faut agir ! s'écria-t-il ; — le dénoncer, requérir son arrestation !

— Asseyez-vous, milord, dit Tyrrel. Votre Seigneurie a fait déjà tout ce qu'il fallait faire, et, sur sa requête, douze hommes de police attendent à la porte de cet hôtel.

— Sur ma requête ! balbutia le comte étonné.

— Ceci est un détail, milord, poursuivit le juif ; — le temps pressait, et j'ignorais que Votre Seigneurie fût aussi merveilleusement disposée. Dans le doute, j'ai pris des mesures.... Vous savez, White-Manor, que j'imite avec une certaine précision toutes sortes d'écritures... J'ai écrit en votre nom au commissaire de la police métropolitaine; je lui ai annoncé, avec toute la douleur convenable, que mon bien-aimé frère, l'Honorable Brian de Lancester était fou et que sa folie venait de mettre en danger une personne royale. En conséquence, et pour éviter d'incalculables malheurs, j'ai demandé main-forte.

— Admirable ! s'écria le comte en se précipitant sur la main de Tyrrel qu'il serra entre les siennes avec un véritable transport. — Oh ! je le tiens, cette fois, et, comme lui, je serai sans pitié !... Spencer, mon ami, mon sauveur ! je doublerai la somme, je la triplerai !...

— Je rends grâces à Votre Seigneurie et commence par mettre en poche l'unité, en attendant le double et le triple, dit Tyrrel. Maintenant, allez achever l'acte dont vous parliez tout à l'heure... Dépouillez-vous sans crainte, milord, vous aurez beau jeu contre un pensionnaire de Bedlam... et un pensionnaire au secret; car je me suis arrangé de façon à ce qu'il soit traité en fou d'importance.

I

A BEDLAM.

Tyrrel prit congé du comte après ces dernières paroles et descendit dans la rue où les policemen s'étaient mêlés à la foule. Auprès du trottoir et devant le perron, un intendant de police et un *physician* attendaient dans une voiture fermée, derrière laquelle deux constables faisaient faction.

Tyrrel jeta un coup-d'œil satisfait sur ces imposans préparatifs. Brian ne pouvait point lui échapper, et le comte, prévenu désormais, n'aurait garde de nier sa signature. Quant aux quatre mille livres, Tyrrel les regardait seulement comme un à-compte sur les libéralités futures de Sa Seigneurie, car White-Manor, en se débarrassant de Brian, n'éloignait pas le plus dangereux ennemi de son coffre-fort. — Tyrrel avait sur le comte une lettre de change dont il prétendait faire usage tôt ou tard.

Mais une chose l'embarrassait, c'était la

foule répandue à profusion dans toute la longueur de Portland-Place. Il importait à son plan que Bedlam fût pour Brian de Lancester un véritable tombeau ; or, il fallait pour cela que son arrestation se fît à petit bruit et comme à la dérobée. Ordonner aux policemen de faire évacuer la rue eût été une mesure dérisoire. Le droit et le prétexte manquaient à la fois.

Tyrrel fit quelques pas sur le trottoir, et son regard attentif parcourut en tous sens la cohue bavarde et turbulente. Il avisa bientôt, au bout d'un col de crin tissé, l'honnête visage du bon capitaine O'Chrane, lequel, malgré le peu de hauteur de son chapeau, dépassait les crânes vulgaires d'un bon demi-pied.

Tyrrel alla droit à lui et glissa quelques mots à son oreille.

— Tonnerre du ciel! grommela Paddy avec une mauvaise humeur évidente; — je veux servir de rôt à Beelzebut, — misères! — s'il est possible d'avoir un instant de repos!

Tyrrel s'était éloigné sans attendre la réponse. Suivant sa coutume, le capitaine n'avait pas même eu la satisfaction de voir l'homme qui lui jetait en passant un commandement mystérieux, appuyé du fameux mot d'ordre :
— *Gentleman of the Night!*

— Que vous a dit cet homme, monsieur O'Chrane? demanda mistress Burnett, qui se dressa sur ses pointes pour mettre sa tête à la hauteur des breloques du capitaine.

— Il m'a dit : Satan et ses cornes ! répliqua Paddy ; — de par le ciel ! madame... J'aurais honte d'être curieuse à ce point, Dorothy, mon cœur, à votre place, misères !... Il m'a dit, tonnerre du ciel ! le temps est froid, M. O'Chrane, — du diable ! — que Dieu vous bénisse !

Après cette réponse diplomatique, le capitaine, profitant de sa haute taille comme d'un observatoire naturel, promena majestueusement son regard tout autour de lui.

— Damnation ! grommela-t-il ; — je vais être obligé de jouer moi-même le rôle de commère, car je n'aperçois aucun de nos gens...

— Tonnerre du ciel! — misères! — que Dieu nous damne sans pitié! dit au dessous de lui une voix aigre et enfantine, — bonjour, capitaine O'Chrane, ou que le diable m'emporte!

La main de Paddy s'abaissa et saisit une frêle épaule qui appartenait au gentleman Snail, lequel promenait dans Portland-Place sa femme, la jolie Madge, ornée de ses bottes, de ses jupons éclatans, surmontés d'une veste masculine et d'un chapeau de cuir posé sur un bonnet de grosse mousseline. Madge, toujours silencieuse et digne, tenait sa pipe éteinte entre ses dents, et ne prenait nulle part à l'agitation du public.

— Eh bien! eh bien! capitaine! s'écria Snail; — est-ce ainsi qu'on aborde un homme comme il faut, que la foudre m'écrase!

— La foudre passerait près de toi sans te voir, Snail, pitoyable *scamp*, mon petit ami, répliqua le capitaine; — mais je suis charmé de te trouver là tout justement sous ma main, tempêtes!... Car tu es, misérable enfant, fort avisé pour ton âge, et j'avais besoin... Écoute ici.

Snail se haussa; Paddy se baissa. Ce double mouvement les mit à peu près de niveau.

— C'est une nouvelle preuve de confiance que nous allons te donner, jeune immondice, mon fils, reprit le capitaine avec importance.

— Il paraît que milords ont besoin de faire évacuer la rue...

— Pourquoi ? demanda Snail.

— Cinq cents blasphèmes ! limaçon maudit, mon enfant bien-aimé, ignoble petit drôle, je veux que le choléra me purge si je n'ai pas envie de te tirer les oreilles jusqu'au sang... Bonjour, Madge, triste virago, ma fille... Quant à toi, Snail, tas de boue gros comme le poing, je ferai quelque jour ta fortune, parce que tu vaux ton pesant d'or, extrait de bandit...

— Ma jolie Madge, interrompit Snail, écoutez le capitaine dire du bien de votre homme,

— Satan et ses cornes !

— Bouchez plutôt vos oreilles, Madge, que vous soyez jolie, comme le dit cet escargot babillard, tempêtes ! ou laide, comme cela saute aux yeux, Dieu peut me damner !... Il le peut s'il le veut, de par tous les diables !... Donc, Snail, il s'agit d'éloigner d'ici tous ces stupides badauds avec leurs commères, et, pour cela, je ne vois rien de mieux que de répandre le bruit de l'arrestation de ce vil coquin dont parlent les journaux du soir...

— L'assassin de la princesse ?...

— Précisément, diminutif de scélérat... Il doit y avoir çà et là dans la foule des gens de la Famille... Appelle-les, matou du diable, et dis-leur...

— C'est bon, capitaine, c'est bon, Dieu peut me damner! interrompit Snail avec suffisance; — je vous comprends. C'est facile... Mais, pour ma peine, tempêtes! Vous me direz où se fait le trou de l'éléphant Saunder du cirque d'Astley...

La main du capitaine se ferma sur l'épaule de Snail qui poussa un cri de douleur et se perdit aussitôt dans la foule. L'instant d'après, on entendit plusieurs miaulemens retentissans. Un mouvement se fit dans la cohue. On vit quelques hommes la parcourir en divers sens, puis ce cri partit de vingt endroits à la fois.

— Dans Hay-Market!... On cerne la maison de l'assassin dans Hay-Market!

Il sembla, trois minutes après, qu'un vent d'orage eût passé sur Portland-Place, balayant devant lui cokneys obèses et maigres commères du même coup. Tout le monde descendit en courant, en se poussant, en criant vers Regent-Street, et il ne resta plus dans la rue que les policemen étonnés.

On apercevait encore dans le lointain la longue et raide taille du capitaine, chaque fois qu'il passait sous un bec de gaz. Il fermait la retraite, ne pouvant se résoudre à presser jusqu'à la course la gravité posée de son pas ordinaire.

— Allons donc, monsieur O'Chrane ! allons donc, au nom de Dieu ! lui disait en vain mistress Burnett qui cherchait à l'entraîner ;

— nous arriverons trop tard, bien sûr, pour voir arrêter le scélérat.

— Mon cœur, répondait tranquillement Paddy, — ne me tirez pas ainsi le bras, je vous prie ; vous déchirerez mon habit bleu, par le trou de l'enfer !... Voyez-vous, ma chère dame, mille misères ! Dorothy, mon amour, nous arriverons quand nous pourrons, ou Jédédiah Smith n'est pas le plus hypocrite coquin que je connaisse !... Quant à Snail, l'immonde reptile, je voudrais avoir un fils pareil, — Satan et sa queue, madame !

Pendant ce temps, le comte de White-Manor avait regagné le salon où l'attendait Brian de Lancester. Comme nous l'avons dit, au moment où le lord franchissait le seuil, Brian venait de lire le nom inscrit sur le carré de papier apporté par l'intendant Paterson et en restait encore tout ému.

Aux premières paroles de son frère, il répondit brusquement :

— Vous venez de voir Ismaïl Spencer, milord.

Le comte fut pris hors de garde.

— Moi ! balbutia-t-il ; — je... mais l'homme dont vous prononcez le nom est mort depuis un an...

Lancester prit le papier sur la table et le tendit à White-Manor.

— C'est vrai, murmura ce dernier après un

silence et avec embarras ; — je viens de voir le juif Ismaïl Spencer.

— Me sera-t-il permis de demander à Votre Seigneurie, reprit Brian, — de quel genre sont ses rapports avec cet homme ?

— Cela n'est permis à personne, monsieur ! répliqua le comte en tâchant de voiler son trouble sous une apparence de dignité blessée.

— Milord, dit Brian d'un ton de grave tristesse, je me vois forcé d'insister sur ce point... Ce n'est pas, croyez-moi, pour blesser Votre Seigneurie ou la provoquer mal à propos que je répète ma question...

— Je n'y répondrai pas, monsieur, répondit

précipitamment le comte, — ou plutôt... Eh bien ! oui... je consens à vous dire, — puisque c'est votre plaisir de me courber ce soir à tous vos fantasques caprices, — je consens à vous dire que je me suis intéressé à la position bizarre et désespérée d'un malheureux que le hasard a soustrait aux suites ordinaires du châtiment suprême. Je...

— Ne m'en dites pas davantage, milord ! interrompit Brian avec une froideur sévère ; — pour ajouter foi aux paroles de Votre Seigneurie, il me faudrait oublier son mouvement de surprise à la vue du nom inscrit sur ce papier.

Le comte se mordit la lèvre.

— Eh! monsieur! s'écria-t-il, emporté par un irrésistible élan de colère, — vous pourrez adresser vos questions à Ismaïl Spencer lui-même, car vous ne serez pas long-temps sans le voir.

— Ces mots de Votre Seigneurie ressemblent à une menace, dit Brian, qui fixa sur le lord son regard perçant et investigateur.

— Une menace, monsieur ?... se récria White-Manor en quittant tout à coup son air irrité pour reprendre un masque de bonhomie soumise; — vous savez bien qu'il y aurait, hélas! folie de ma part à vous menacer... J'ai voulu dire purement et simplement ce que j'ai dit, savoir : que vous ne tarderez pas à rencontrer

Ismaïl Spencer... et cela est bien simple, Brian, car il attend dans la rue...

— Qu'attend-il, milord? dit Lancester, voyant que le comte hésitait.

— Il attend... mon Dieu, je n'ai nulle raison pour vous le cacher, Brian ; il attend que notre entrevue soit définitivement terminée pour revenir vers moi... car j'ai pensé tout à l'heure que vous vous impatientiez sans doute, et je l'ai remis après votre départ.

Brian se leva vivement.

— C'est une attention dont je dois vous remercier, milord, dit-il ; mais, je vous en prie, veuillez mettre le comble à vos bontés en achevant cet acte sur-le-champ... vous ne sauriez croire combien je suis pressé de me trouver face à face avec cet Ismaïl Spencer.

Le comte n'eut garde de se faire prier. Il s'assit tout de suite à son bureau, s'efforçant à grand'peine de cacher son sourire joyeux sous la mauvaise humeur qui était pour lui de circonstance au moment de signer un acte équivalant à l'abandon de tous ses biens non substitués. En deux traits de plume il eut parfait le contrat.

— Mon frère, dit-il avec une résignation assez bien jouée ; — vous avez peut-être abusé de vos avantages, mais entre nous Dieu jugera.

— Ainsi soit-il, milord, répondit Lancester.

— J'espère, reprit le comte, que vous serez clément envers moi désormais, et que les nobles dames du West-End tariront un peu sur les récits de vos triomphantes *eccentricities*. Celle-ci achève la bataille et doit être la dernière.

— Cela dépend de vous, milord.

— Jusqu'au revoir, mon frère!

Brian salua et sortit.

Le comte respira longuement et fit jouer le châssis de cette même fenêtre par où Brian avait voulu s'élancer, tête première, sur les dalles de Portland-Place. Il se pencha vivement et regarda au dessous de lui.

A ce moment même la porte extérieure s'ouvrait, et Brian descendait les marches du perron.

Au bas du perron se tenait Tyrrel l'Aveugle.

Brian le reconnut tout de suite. — Il reconnut aussi pour des policemen les hommes qui entouraient la maison de son frère.

— Voilà qui se trouve à merveille! dit-il à haute voix. Messieurs, je vous requiers de mettre la main sur cet homme.

En même temps il saisit Tyrrel au collet.

L'intendant de police et le médecin mirent la tête à la portière de la voiture.

— Vous le voyez, dit Tyrrel; — il n'y a pas à s'y tromper... Faites votre devoir.

— Un moment! répliqua l'intendant de police; — monsieur, ajouta-t-il en s'adressant à Brian, pour quelle raison requérez-vous l'arrestation de sir Edmund Makensie?

— Voyons ce qu'il va répondre! murmura le *physician*-expert.

— Je suppose, monsieur, dit Brian, que vous avez le droit de m'adresser cette question?

— Diable! grommela le médecin, il n'a pas l'air trop fou !

— Je suis magistrat, monsieur, répartit l'intendant de police.

— En ce cas, reprit Lancester, je vous apprendrai, monsieur, que cet homme à qui vous donnez le nom de sir Edmund Makensie n'est autre chose qu'un scélérat du plus bas étage, faisant partie d'une bande de voleurs..

— Vous voyez ! interrompit Tyrrel.

— Il est fou ! dit le médecin.

Les policemen se rapprochèrent et serrèrent le cercle autour de Brian.

— Auriez-vous donc des preuves de ce que

vous avancez, monsieur? demanda le magistrat.

— Votre devoir, monsieur, est d'arrêter cet homme, répondit Lancester avec calme. Les preuves regardent la justice du royaume et non point les employés de la police.

— Diable! diable! grommela encore le médecin; — après tout, il se peut qu'il ne soit point fou.

— Et d'ailleurs, reprit Brian, cet homme se trouve naturellement sous le coup de la loi, car il a échappé par ruse ou par hasard à la sanction de la justice humaine. Cet homme a été pendu...

Un éclat de rire de Tyrrel, auquel se joignit bientôt la bruyante hilarité des hommes de police, interrompit brusquement Lancester.

— Décidément, il est fou ! prononça péremptoirement le médecin.

— Fou à lier, pour le malheur de notre maison ! cria de sa fenêtre le comte de White-Manor.

— Faites votre devoir ! dit le magistrat, en se rejetant au fond de sa voiture.

Les policemen s'élancèrent tous à la fois ; mais la voix de White-Manor avait révélé le piége à Brian qui, lâchant le collet de Tyrrel, remonta d'un bond les marches du perron.

C'était un terrible champion que Brian de Lancester. Les premiers policemen qui se présentèrent pour l'attaquer furent lancés jusqu'au bas des marches par le robuste poing de l'excentrique, qui martela leur poitrine comme un fléau de plomb. D'autres montèrent à l'assaut et tombèrent à leur tour, le visage sanglant, l'estomac fêlé. Chaque fois que le poing de Brian quittait la parade, chaque fois que son bras musculeux se tendait avec l'élasticité soudaine d'un ressort de métal, un homme était violemment précipité sur le trottoir et ne se relevait point. Les rangs des assaillans s'éclaircissaient, leur ardeur diminuait. Tyrrel était obligé de les pousser de force, et le médecin répétait en suivant la lutte avec beaucoup d'intérêt :

— Diable! diable! voyez comme il ménage ses coups, le gaillard! En définitive, je ne serais pas étonné qu'il ne fût pas fou.

Il n'y avait plus que cinq policemen debout au bas des marches, et aucun d'eux n'osait plus se hasarder à attaquer Brian. Tyrrel écumait de rage. White-Manor tremblait à sa fenêtre.

Brian boutonna son frac. Il fut évident pour tous qu'il allait s'élancer en avant et faire une trouée. Ce qui restait de policemen valides s'écarta des deux côtés du perron, ne se souciant guère d'affronter le choc.

Tyrrel se mit résolument à leur place.

— Milord mon frère, s'écria en ce moment Lancester qui se tourna vers la fenêtre, — le piége était habilement tendu. Vous n'avez pas réussi, mais il n'y a point de votre faute, et je vous jure sur l'honneur que vous n'aurez pas à m'accuser d'ingratitude !

On entendit d'en bas claquer les dents du comte.

— Place ! continua Lancester qui se prit à descendre lentement les marches du perron, toujours en garde, et contenant du regard les policemen terrifiés. Place, Ismaïl Spencer, ou je vous tue !

Tyrrel ne bougea pas ; — seulement sa main droite s'introduisit entre son gilet et sa chemise.

En ce moment on vit s'ouvrir doucement la porte de la maison de White-Manor. Un homme se coula en rampant le long des degrés du perron. A l'instant où Lancester arrivait en face de Tyrrel et se renversait en arrière pour frapper, cet homme le saisit par les jarrets et le fit trébucher.

Les policemen se jetèrent aussitôt sur Brian qui fut garrotté en un clin d'œil.

L'homme qui avait rampé le long des marches se remit alors sur ses jambes et montra, à la lueur des réverbères, la face insolente et basse à la fois de l'intendant Gilbert Paterson.

Tyrrel ôta sa main de son sein. Il ne l'eût

point retirée sans cet incident inattendu, et Brian aurait fait connaissance avec la courte lame du poignard que le juif portait constamment sur soi.

Le captif, solidement lié, fut hissé dans la voiture, entre le magistrat et le médecin, qui, réflexions faites et en dernière analyse, le déclara bien et dûment atteint de folie.

— A Bedlam! dit le magistrat.

Une voix étrange descendit de la fenêtre où s'était montré White-Manor, et répéta parmi les convulsions d'un rire insensé :

— A Bedlam! à Bedlam!

La voiture partit au galop.

Tyrrel et Paterson rentrèrent ensemble chez le lord et pénétrèrent dans le salon.

White-Manor, l'œil hagard, le visage écarlate, s'agitait frénétiquement au milieu de la chambre, et tournait sur lui-même en une sorte de danse effrayante à voir.

En dansant, il riait à perdre haleine et répétait sans relâche :

— A Bedlam ! à Bedlam !

Tyrrel et Paterson s'installèrent chacun dans un fauteuil et se mirent à l'examiner curieusement.

— A défaut de Brian de Lancester, dit enfin Tyrrel, — qui est-ce qui doit succéder à la pairie de White-Manor, s'il vous plaît, monsieur l'intendant ?

— L'Honorable Algernon Murray d'Inverney-Castle, cousin-germain de Sa Seigneurie, répondit Paterson.

— Eh bien, monsieur l'intendant, reprit Tyrrel, en échange du bon office que vous venez de me rendre, je vais vous donner un bon conseil... Allez, croyez-moi, dès ce soir, faire un doigt de cour à l'Honorable Algernon Murray d'Inverney-Castle, cousin-germain de Sa Seigneurie, car Brian de Lancester ne sortira plus de Bedlam, — et le comte de White-Manor y entrera demain.

— Pensez-vous donc qu'il soit tout à fait fou? demanda l'intendant.

Le comte, avant que Tyrrel pût répondre, poussa un dernier et rauque éclat de rire ; puis il tomba, épuisé, sur le tapis en répétant :

— A Bedlam ! à Bedlam ! à Bedlam !

VI

LA PETITE IRLANDE.

En 181., vingt ans avant l'époque où se passe notre histoire, il y avait à Londres, dans le quartier Saint-Gilles, une pauvre famille, composée de quatre membres : deux enfans, le père et la mère.

Le père avait nom M. Chrétien O'Breane. C'était un gentilhomme irlandais, dont la famille avait tenu jadis une position opulente dans la province de Connaught. Ses biens, comme ceux de tant d'autres, avaient passé peu à peu entre les mains d'un lord protestant, dont, en ces derniers temps, Chrétien O'Breane avait été le tenancier.

On sait quelle est la déplorable vie des tenanciers d'Irlande ! — M. Chrétien O'Breane, vivant de peu et travaillant beaucoup, avait suffi jusque alors aux besoins de sa famille et donné à son fils une sorte d'éducation, parce que, outre les bénéfices de son exploitation, il possédait encore un petit coin de terre, reste bien modique, hélas! de la fortune de ses aïeux.

Un jour, il prit fantaisie à l'intendant du lord, — lequel lord, bien entendu, mangeait à Londres ses revenus irlandais, — de contester à M. O'Breane le petit coin de terre qui était tout son patrimoine. Il y eut un procès. En Irlande, on aurait grand tort de dire que la justice a deux poids et deux mesures; elle n'a ni poids ni mesures, ou plutôt sa balance, invariablement penchée du côté de l'Angleterre, laisse vide toujours le plateau qui regarde l'Irlande. Les causes s'instruisent au moyen d'une simple question : — Êtes-vous protestant? Non? — Vous avez tort: lâchez prise, de par le roi! — Oui? de par le roi encore, prenez, pillez, dévorez !

L'intendant du lord obtint gain de cause et M. O'Breane fut violemment chassé de la terre qui nourrissait ses enfans. Cette terre produisait à peu près de quoi entretenir un chien de meute.

Au jour où nous écrivons ces lignes, l'Irlande entière s'agite et soumet au monde civilisé ses lamentables griefs. Elle ouvre ses haillons pour montrer à nu les plaies saignantes dont l'a couverte la main avide et barbare de l'Angleterre. En même temps, elle se redresse, irritée, contre ses indignes oppresseurs. Des cours arbitrales s'assemblent et neutralisent les tristes effets de l'iniquité protestante.

Mais alors l'opprimé courbait le front en silence. Cette mesure insuffisante, mais dont les résultats doivent grandir avec le temps, l'émancipation des catholiques, semblait une chimère impossible. Le désespoir était si grand qu'il entraînait l'apathie et endormait les victimes dans leur misère.

Comme M. Chrétien O'Breane avait eu la condamnable insolence de soutenir un procès contre son lord, on ne voulut point renouveler son bail, et, un beau jour, la porte de sa maison se ferma sur lui pour ne point se rouvrir.

Il y a une chose étrange. Tous les malheurs de l'Irlande viennent de Londres; c'est de Londres que débordent sur la malheureuse Erin ces flots d'insatiables spéculateurs qui, hommes d'affaires, hauts et bas dignitaires de l'Église anglicane,—cette maison de commerce cléricale, ce pieux et dévorant vampire, ce honteux monument d'hypocrite usure et de simonie organisée, — négocians, magistrats, arrivent affamés, pressés d'acquérir, déterminés à prendre de toutes mains, sans relâche comme sans scrupule, sur cette pauvre terre conquise, dont les fils semblent avoir oublié leur valeur antique et ne savent plus guère que menacer en vain dans de bavards meetings ou se plaindre à grands cris comme des femmes. C'est à Londres que sont les marquis et les vicomtes, nobles d'un jour, greffés sur de vieilles souches, marchands ou avocats affublés par décret de noms historiques (1) qui pompent de loin la plus pure vie du pays et l'épuisent à force d'exactions. C'est de Londres que viennent ces lois si misérables, si lâches, qui aggravent chaque jour l'esclavage de plusieurs millions de chrétiens. C'est à Londres que siége ce Parlement ennemi qui s'apitoie après boire et verse des larmes d'ivrogne sur les victimes de la traite, laquelle n'existe plus, mais qui s'acharne en revanche, sans commisération ni pudeur, sur

---

(1) En Angleterre, les titres ne meurent point. La pairie vacante est donnée avec le nom de l'ancien titulaire. Tout récemment, un attorney assez médiocre a été créé pair. Il porte le titre d'une des plus nobles familles d'Irlande.

le cadavre d'un peuple de frères à l'agonie.

— Eh bien! c'est vers Londres toujours que se tournent les regards de l'Irlandais à bout d'espérances. Londres rayonne un lointain et mystique espoir qui vient réchauffer le découragement, ranimer l'apathie et imposer silence aux cris sourds d'une longue famine. Londres est le port. Il semble à ces pauvres gens que, pour tant de mal accumulé, il doive y avoir compensation. C'est un sentiment irraisonné, une sorte de superstition : ils veulent aller à Londres, et pensent qu'une fois dans la grande ville leurs souffrances seront soulagées.

Et, au fait, les plus venimeux serpens portent avec eux l'antidote du poison qu'ils distillent. La vipère, la mortelle cobra de capello, le redoutable serpent à sonnettes lui-même, ont quelque part, dans la tête, un remède souverain contre leur propre morsure. Pourquoi n'en serait-il pas ainsi de Londres?...

Mais, pour trouver le remède, hélas ! il faut commencer par broyer la tête du serpent.

Chrétien O'Breane vint à Londres, muni de quelques chétives ressources, et s'établit avec sa femme et ses enfans dans Buckridge-Street, au centre de cette paroisse Saint-Gilles, dont les misères sont devenues européennes, et qui noircit comme une large tache de boue les quartiers les plus opulens du Londres commercial.

Chaque grande ville a ses sentines et ses égouts où l'indigence, multipliée par le vice, entasse d'obscurs monceaux de douleurs et d'infamies, mais aucune ville ne peut disputer à Londres la palme des misères et de la honte. Ailleurs, — à Paris, ceux qui meurent de faim et ceux qui luttent contre la loi se confinent en de ténébreux cloaques, loin des lumineuses voies où s'écoule la vie fashionable. La rue aux Fèves est aux antipodes du boulevart de Gand et les bouges du faubourg Saint-Marcel ne sauraient vicier l'air pur du royal parterre des Tuileries. A Londres, tout se mêle en un désordre cynique et hideux. Partout le luxe effréné insulte brutalement à la détresse; partout la pauvreté criminelle et armée guette le luxe au passage.—Entre deux *streets* somptueux, dont les trottoirs, étincelant la nuit aux blanches lueurs du gaz, sont gardés par une profusion de policemen, il y a le *lane* noir, désert, redouté. — Sous le réverbère, l'homme de police; à l'ombre, le bandit; sur le trottoir, la foule égoïste, insoucieuse, repue; sur le pavé, l'enfant ou le vieillard qui grelotte et qui a faim.

Et partout, encore une fois, partout ce monstrueux voisinage! dans le West-End comme dans la Cité; dans Pimlico aussi bien que sur les bords de ces *docks* fameux où s'amoncellent les richesses des cinq parties du monde.

On ferait une comparaison, prétentieuse peut-être, mais à coup sûr juste et sincèrement pittoresque dans son effrayante énergie, en disant que Londres ressemble à une courtisane lépreuse dont l'orgie aurait troué de toutes parts la robe brodée d'or, et qui, par chaque trou, montrerait au passant les horreurs de ses innombrables ulcères.

Or, le trou le plus large de cette tunique faux-brillantée, celui qui laisse voir la plaie la plus nue, la plus profonde, la plus honteusement gangrenée s'ouvre sur le sein même de la grande courtisane : Saint-Gilles, la *Petite Irlande*, — comme si ce nom d'Irlande dût s'allier fatalement à tout excès de misère ! — est auprès de Soho-Square et de la place de Bedford, entre le riche Holborn et le noble Oxford-Street !

Saint-Gilles n'a pas son pareil dans l'univers entier. C'est, qu'on nous passe l'expression, une sorte de phalanstère complet de la misère et du vice, ces deux élémens du crime. Là, toutes les souffrances et toutes les hontes atteignent le degré suprême; là, l'homme revenu à l'état sauvage, ignorant Dieu, et n'ayant aucune notion du bien et du mal, s'engourdit dans sa fange ou se rue furieusement sur la civilisation qui l'entoure. Là il n'y a entre les deux sexes d'autre distinction que la force. La femme ne s'y prostitue même pas : elle est a qui l'assomme.

Cela est ainsi maintenant. — Or, des écrivains éloquens et généreux qui, tout récemment, ont dévoilé les invraisemblables horreurs des *cellars* de Saint-Gilles, prétendent qu'un commencement de progrès s'y fait sentir. Ils disent que Saint-Gilles de 1844 ne ressemble déjà plus à Saint-Gilles de 1820, par exemple.

Miséricorde ! miséricorde !

Qu'était-ce donc en 1820 ? Ces écrivains généreux, — on sait que l'Angleterre fourmille d'écrivains généreux, de charitables utopistes, d'orateurs très éloquens et très prolixes, voués, en paroles, au culte exclusif de la Pitié. L'Angleterre est la patrie classique de la philanthropie. Bien que le mot soit grec, l'idée est anglaise, et si la faim pouvait se conjurer avec de longues phrases, la faconde de messieurs tel et tel nourrirait aisément les Trois-Royaumes. — Ces écrivains généreux, disions-nous, sauraient-ils nous apprendre ce qu'il peut y avoir de plus nu que la nudité, de plus mortel que l'inanition, de plus vicieux que le vice, de plus repoussant que la boue? Les malheureux, entassés dans des caves humides, se nourrissaient-ils donc plus mal encore que maintenant, ou plutôt, mourir de faim était-il plus affreux alors qu'aujourd'hui? — Oh! vous savez nous dire, messieurs, combien, dans ces boyaux infects décorés du nom de rue, sur les deux rives de ces ruisseaux noirs, épais, pestilentiels, combien de jeunes filles succombent à de hideuses maladies, combien d'enfans s'éteignent en leur berceau, empoisonnés par l'air du bouge paternel, combien d'hommes, dans la force de l'âge, tombent, exténués, sur la borne de la rue et rendent l'âme en tournant un regard jaloux vers vos somptueuses demeures, dont la fenêtre ne s'ouvre point, messieurs, pour jeter à l'agonisant le salut, sous la forme d'un morceau de pain. Ce sont là des choses curieuses et qui trouvent éditeurs. La philanthropie entendue ainsi, maintenant que l'horrible est à la mode, devient une triomphante spéculation. Vous êtes des hommes habiles ; des commerçans distingués, — des philosophes ! Vous parlez beaucoup, vous ne faites rien ; vos lèvres seules sont charitables, et, en définitive, vos emphatiques sanglots se résolvent en joyeuses livres sterling.

Pourquoi pas ? En un pays où la religion

elle-même est un commerce, où le protestantisme a établi un bureau de péage jusque sous les nobles voûtes du royal Westminster, n'est-il pas logique et convenable de trafiquer aussi de la pitié ?

Le mal est trop grand, dit-on, et trop profondément enraciné pour qu'on puisse espérer d'y porter remède. — Ceci veut dire que les gens de Saint-Gilles sont trop pauvres même pour acheter ces petites bibles mal imprimées, commentées, falsifiées, que nos sociétés évangéliques vendent pieusement aux sauvages et glissent entre un baril de rack et une partie d'opium, ce qui fait trois poisons en bonne arithmétique. Ceci veut dire que l'opération ne présente nulle chance de gain, et que ces tristes familles, nourries de pelures de pommes de terre, ne pourraient point payer les leçons d'un professeur de morale.

Or, mieux vaut garder Saint-Gilles et ses hontes que d'aventurer des capitaux.

L'argument nous semble victorieux.—Mais alors tirez un voile sur ces ignominies. Ne permettez pas à vos orateurs de poétiser le tableau de ces repoussantes misères ; n'étalez pas dans vos *reports* officiels une science du mal existant, si profonde, si minutieuse, si précise qu'elle accuse votre inaction et met à votre front,—au front de tout un grand peuple,—un stigmate d'infamie.

Certes, pour qui connaît l'Angleterre, le

cours actuel des choses est inévitable et normal. Nous ne sommes point du bois dont on fait les Vincent-de-Paule et celui qui écrit ces lignes n'a pas même l'espoir d'éveiller la stérile commisération de quelques ladies; car Saint-Gilles n'est point un *mystère*, et vingt autres avant nous ont soulevé les haillons qui recouvrent ses plaies saignantes.

Nous décrivons ici pour décrire. A Londres, hélas! l'homme de cœur désespère, et Vincent-de-Paule lui-même, dont nous prononcions tout à l'heure le nom béni, perdrait courage devant les serrures perfectionnées de tous ces avares coffres-forts! Ce qui précède n'est point et ne peut être un appel : nous savons trop jusqu'où va la surdité britannique;

ce sont quelques paroles émues, arrachées par le récent aspect d'une détresse incomparable.

Contrairement à l'opinion citée, nous pensons d'ailleurs, et les documens officiels sont avec nous, que la misère de Saint-Gilles a grandi dans ces dernières années ; Saint-Gilles lui-même s'est étendu comme s'étend une tache d'huile et a jeté les rameaux de son tronc putréfié le long des *lanes* obscurs qui descendent vers Covent-Garden. Saint-Gilles empoisonne la moitié de Londres.

On a beau percer au travers de ses fanges de larges rues et arrondir, parmi ses pauvres demeures, l'ovale doré de la grille d'un square ; à côté du square, le long de la rue,

Saint-Gilles existe. La brique, le plâtre, les maçons n'y feront rien.

Si Robert Peel, notre très habile ministre, était, ce qu'à Dieu ne plaise! réduit à l'agonie, que penserait-il d'un médecin qui prendrait pour le soigner un fer à papillottes, qui mettrait du fard sur ses joues pâlies et tâcherait de combattre le mal en disposant autour de son col amaigri l'irréprochable nœud d'une cravate empesée?

Robert Peel enverrait ce docteur bizarre à tous les diables, malgré sa longue habitude du sang-froid parlementaire. Du moins, nous pensons qu'il le ferait.

Et pourtant voyez l'inconséquence! Robert

Peel imite ici le fantasque docteur. Il fait la toilette d'un quartier agonisant. Des hommes souffrent et meurent, Robert Peel leur perce une rue ; ils se tordent dans des convulsions suprêmes, Robert Peel fait voter des fonds pour leur construire un square.

Si l'honorable baronnet n'était pas un homme très sérieux, ceci pourrait passer vraiment pour une atroce plaisanterie ; car, quoi qu'on en puisse dire, les maçons et les pavés ne combattent que les ruines et la boue. Or, la boue est la moindre chose et les ruines seraient un paradis si l'on y mettait seulement un peu de pain. La misère, voilà la véritable plaie, la misère qui engendre le vice ! Pour l'éteindre, il ne suffit pas de dépenser des millions à balayer les souillures matérielles qu'elle amasse autour d'elle ; il faudrait ou une prodigue bienfaisance tout à fait en dehors de nos mœurs mercantiles et dont les avantages, du reste, se balanceraient par de nombreux dangers ou un travail public libéralement organisé.

Mais avant tout cela et surtout, il faudrait quelque lumière jetée dans ces épaisses ténèbres. Il faudrait rendre à ce peuple abruti l'usage de son intelligence et de son âme. Il faudrait, en soutenant le corps, moraliser le cœur...

A Londres, où nous avons tant d'associations burlesques, tant de clubs inutiles, ne se fondera-t-il jamais une société dont le but soit sérieux et réellement chrétien? La négrophilie est une belle chose, la tempérance est, pour un Anglais, une vertu presque sublime, mais la charité, la charité vraie, qui ne s'émeut pas seulement aux problématiques souffrances des Hottentots et des Malgaches, la charité n'aura-t-elle point, elle aussi, un apôtre? Et devons-nous penser que les Pierre-l'Ermite anglais se borneront éternellement à rassembler mille ou douze cents paysans autour d'un baquet d'eau claire pour leur faire prêter des sermens d'ivrogne?

En un mot, soulèverons-nous toujours des montagnes pour arriver à des résultats moitié beaux, moitié puérils, et ne naîtra-t-il point de ce côte du détroit quelque *eccentric man* héroïque, quelque père Mathews de la bienfaisance?

A vrai dire, nous l'espérons à peine. L'*eccentricity* a des bornes, et l'homme qui voudrait forcer la cassette de nos lords ou de nos banquiers, dépasserait par cela seul ces limites convenues pour entrer de plain-pied dans l'extravagance.

En 181., comme aujourd'hui, Saint-Gilles était, par excellence, le quartier des malheureux. Point n'est besoin d'ajouter qu'à ce titre seul il eût mérité le surnom de *Petite Irlande* ; mais ce surnom, qui n'a rien de métaphorique, lui vient en réalité du grand nombre d'Irlandais qui peuplent ses méphitiques celliers (*cellars*) (1). Les étages supérieurs des maisons servent d'asile à des gens nécessiteux, mais en état de se procurer, à la rigueur, ce qui est indispensable à la vie. Nous parlons ici, bien entendu, en général, car il est telle masure, pleine, de la cave aux combles, d'êtres humains demi-nus, qui ont oublié jusqu'au goût du pain.

M. O'Breane occupait une petite maison d'apparence un peu moins délabrée que les autres, et son faible pécule suffisait à lui assurer pour long-temps une sorte d'opulence relative.

---

(1) Dans les quartiers pauvres, les caves qui, ailleurs, servent de cuisine et d'office, sont habitées par une ou plusieurs familles.

C'était un homme de complexion faible et de caractère ardent. Il avait fondé sur son séjour à Londres tous ses espoirs de salut. Au bout d'un mois, il savait à quoi s'en tenir, et dès lors un découragement profond le saisit. Une seule chose pouvait encore l'émouvoir, c'était la pensée de l'Irlande et l'espérance de repasser un jour le canal Saint-Georges.

Et il en arrive toujours ainsi. Aussitôt que l'Irlandais est à Londres, il regrette passionnément sa verte Erin ; il rêve d'elle sans cesse ; autant il désirait voir Londres, autant il est empressé de le fuir dès qu'il a respiré sa pesante atmosphère.

Mais il était trop tard. Chrétien O'Breane avait déjà trop entamé la petite somme apportée : il ne lui restait plus de quoi faire le voyage.

Mistress O'Breane, douce et laborieuse femme, dont la vie s'était passée au milieu des modestes travaux de son rustique ménage, ne voyait que par les yeux de son mari, n'aimait que lui au monde avec ses enfans, et n'avait d'autre volonté que la sienne. Sa fille Elisabeth, gaie, vive, rieuse, légère de tête et peut-être de cœur, était la joie de M. O'Breane, dont le front chagrin se déridait seulement aux sourires de la jolie Betsy. — Betsy avait seize ans.

Le dernier membre de la famille, dont nous n'avons point parlé encore, était un garçon de dix-huit ans, idolâtré par mistress

O'Breane, mais que le chef de la maison n'avait point en très grande estime. On ne peut dire pourtant que Chrétien n'aimât point son fils, car, autant qu'il était en lui, il s'était assidument occupé de son éducation, mais l'enfant avait une tournure d'esprit étrange, et dont les témérités soudaines effrayaient l'honnête Irlandais, qui regrettait amèrement parfois qu'un si beau garçon n'eût point l'esprit fait comme tout le monde.

Car, en Irlande comme ailleurs, les parens désirent fort ardemment que leurs enfans aient l'esprit fait comme tout le monde.

Le fils de Chrétien O'Breane se nommait Fergus. Dans Londres entier on n'eût point rencontré une tête plus artistiquement belle sur un corps plus harmonieux. Il avait, à cet âge de dix-huit ans, où la virilité n'arrête point encore le contour des lignes, cette beauté juvénile et sensuelle que le mot latin *formosus* décrit d'une manière complète et inimitable. Il avait mieux que cela. Un avenir de vigueur extraordinaire perçait sous la grâce arrondie de ses membres. Les boucles molles et jetées au hasard de ses abondans cheveux cachaient à demi un front royal, tout plein de volonté, de force, de pensée. L'ensemble de ses traits enfin, sculptés si délicatement que les plus charmantes ladies eussent pu en être jalouses, avait, derrière une apparence d'insoucieux courage et de rêveuse poésie, une arrière-expression d'intelligence profonde, mêlée à une fierté sans limites.

Chrétien O'Breane, le digne homme, n'avait sans doute point aperçu tout cela. L'eût-il aperçu, il s'en serait sincèrement désolé, car trop d'intelligence et de fierté est une dangereuse condition dans la vie d'un Irlandais.

Jusque alors Fergus avait aidé son père dans les travaux les moins rudes de sa ferme, et, tout récemment, il avait été chargé de suivre les détails du procès intenté par l'homme d'affaires du lord. A Londres, parmi tous les métiers offerts à son choix, il prit celui de correcteur d'épreuves, et entra, en cette qualité, dans la vaste typographie de Balderius et Mung, Oxford-Street.

L'air de Londres, qui pesait si lourdement sur Mr et mistress O'Breane, semblait, au contraire avoir donné une vie nouvelle à leurs deux enfans. Betsy travaillait tant que durait le jour devant sa fenêtre, en chantant bien gaîment, et, le soir venu, elle allait porter son ouvrage à l'exploitation de modes de High-Holborn. Jamais on ne l'avait vue si contente. Quant à Fergus, il travaillait, lui aussi, courageusement, lisait à ses heures de repos et gagnait déjà quelque argent dès le second mois de son séjour en Angleterre.

Il était, à vrai dire, le seul soutien de la famille, car l'industrie de M. O'Breane devenait à Londres tout à fait inutile. Aussi le plus cher espoir du digne couple était-il, à l'aide de Fergus, d'amasser la somme nécessaire pour retourner en Irlande. — On emmènerait Betsy qui épouserait là-bas quelque honnête catholique ; on reprendrait une ferme, et Fergus, qui ne valait rien pour travailler la terre, et qui semblait, le pauvre garçon, pouvoir devenir bon à quelque chose lorsqu'il s'agissait de livres et autres bagatelles, resterait à Londres, où Dieu le protégerait...

Mais l'argent venait bien lentement. M. O'Breane fut pris à la longue du mal du pays, si mortel pour les Irlandais, et mistress O'Breane, par une mystérieuse affinité, se sentit également dépérir. Il y avait plus de vingt ans que ses joies comme ses souffrances étaient celles de son mari.

Fergus, qui avait compris tout de suite, et avec une intelligence bien au dessus de son âge, les motifs et la portée de cette morne tristesse qui pesait sur la maison paternelle, redoubla d'énergie. Son père eut en ce temps une vague perception de sa valeur, et entrevit le trésor de force et de bonté qu'enfermait le cœur de son fils. Mais il ne fit que l'entrevoir, parce que, tout entier à ses doléances et courbé sous cette égoïste indifférence qui est au fond de la nostalgie, le vieux Chrétien ne donnait plus que peu d'attention aux choses qui n'étaient point lui-même ou la patrie.

Son caractère avait pris une teinte sombre et vindicative. En des jours plus heureux, lorsqu'il parlait de l'Angleterre, c'était bien avec l'amertume irlandaise et la haine naturelle à l'opprimé, mais cette amertume et cette haine étaient mitigées par ses préoccupations de chaque jour, et l'ardeur de son tempérament se dépensait au travail. Mais en ces heures de Londres, heures d'oisiveté forcée et de souffrances, sa rancune contre l'Angleterre s'échappait en plaintes éloquentes, dont l'énergie désespérée allait droit au cœur de Fergus.

Fergus écoutait silencieusement. Parfois, il pâlissait tout à coup, et dans son œil, si doux d'ordinaire, un éclair s'allumait qui faisait trembler mistress O'Breane.

Betsy, toute seule, restait gaie au milieu de cette tristesse. Chaque jour, elle avançait de quelques minutes l'heure de porter son travail. Depuis plusieurs semaines elle semblait avoir deviné la coquetterie. Ses beaux cheveux se bouclaient maintenant avec grâce autour de ses tempes, et sa robe, autrefois si chastement agrafée, montrait, par négligence peut-être, les blanches promesses d'une gorge de vierge.

Chaque soir, avant de partir, elle consultait plus d'une fois le petit miroir suspendu au mur de la chambre commune.

Une fois, Fergus revint après sa tâche achevée et ne trouva point sa sœur de retour. Fergus aimait Betsy passionnément.

Mistress O'Breane était inquiète. Chrétien souffrait plus que d'habitude.

On attendit. Betsy ne revenait point. — Betsy ne devait point revenir.

Ce fut, dans la pauvre maison, une nuit de désespoir et de larmes. Mistress O'Breane étouffait ses gémissemens ; Chrétien, dont la fièvre exaltait la colère, se répandait en invectives folles et accusait l'Angleterre de la perte de son enfant.

Car le matin approchait. Betsy était perdue.

Fergus gardait le silence. Il se tenait à l'écart, pâle, les sourcils froncés, respirant à peine.

Lorsque le jour parut, il embrassa sa mère et serra la main de son père.

— Je vais chercher Betsy, dit-il.

Il resta dehors durant tout le jour. Le soir, il revint seul, épuisé de lassitude et ne pouvant plus se soutenir.

On ne lui fit point de question. Mistress O'Breane joignit ses mains, la pauvre mère, en tombant à genoux. Chrétien se leva sur son séant. Depuis la veille, sa fièvre avait fait d'effrayans progrès. Il y avait des symptômes de mort prochaine sur sa face hâve et déjà décharnée.

— Ils m'ont tout pris ! s'écria-t-il d'une voix creuse et qui tremblait de haine autant que de fièvre ; — tout ! mon pain et mon enfant !

— Notre enfant ! notre pauvre enfant ! murmura la mère désolée.

Fergus était allé s'asseoir à sa place de la veille, et, comme la veille, il gardait un sombre silence.

— Les Saxons ! les Saxons ! reprit Chrétien dont la voix s'embarrassait et qui gesticulait follement ; — spoliateurs, ravisseurs, assassins !

Sa tête retomba lourdement sur l'oreiller. — Une convulsion agita le lit. — Puis une voix qui semblait sortir de la tombe fit tressaillir douloureusement Fergus.

— Enfant, disait-elle, ton père se meurt ;

ta sœur est déshonorée. Debout! et guerre à l'Angleterre !

Fergus se leva d'instinct à cet ordre étrange. — Un profond silence se fit.

Puis des sanglots déchirans éclatèrent. Mistress O'Breane, à demi folle, essayait de réchauffer les mains de Chrétien qui était mort.

Fergus s'agenouilla et pria.

Mistress O'Breane cessa bientôt de pleurer. Un calme extraordinaire vint éclairer son visage. Elle souleva les couvertures du lit et se coucha auprès de Chrétien.

Il y avait vingt ans qu'elle vivait la vie de cet homme, son premier, son unique amour.

Au bout d'une heure, Fergus, qui était toujours à genoux et cachait entre ses mains sa tête brûlante, tressaillit de nouveau.

— Mon enfant bien-aimé, disait mistress O'Breane, d'une voix si affaiblie qu'elle arrivait à l'oreille de Fergus comme un insaisissable murmure, — ton père est mort, ta sœur est déshonorée. Moi, je vais prier pour ta sœur et rejoindre ton père... Adieu !

Fergus poussa un cri déchirant et s'affaissa, écrasé par cette triple douleur.

Puis le silence régna encore, un silence lugubre, mortel, que cette fois nul son ne vint rompre...

Au bout d'une heure, Fergus, qui était toujours à genoux et cachait entre ses mains son visage baigné de larmes, inondé de pleurs...

— Mon enfant bien-aimé, disait maîtresse O'Penny, chère petite et charmante chérie sans vie à l'heure de Dieu !comme ma Bessie elle s'endormira — ton père est mort, le plus est désinmorée. Va, je vais prier pour la suivre et rejoindre ton père... Adieu !

Fergus passait un œil déchirant et s'affaissa, brisée par cette triple douleur.

Puis le silence régna encore, en effet, jusqu'au matin, que cette fois qui ou un vint rompre...

VII

PREMIÈRES AMOURS.

Il faisait jour déjà lorsque Fergus O'Breane s'éveilla de son long évanouissement, pour se retrouver seul dans cette chambre commune, silencieuse maintenant, et où naguère encore, se croisaient trois voix chéries, — seul en face de deux cadavres, seul ici, et désormais seul au monde.

Fergus était bien jeune, et son cœur avait une puissance d'aimer qui s'était dépensée tout entière jusque alors dans les affections saintes de la famille. Une immense douleur étreignit son âme, qui fléchit un instant sous cet épouvantable choc.

Mais Fergus possédait en soi une énergie encore ignorée, faute d'occasion de se produire, une force indomptable et presque surhumaine, une vigueur élastique, dont le ressort latent se raidit d'instinct contre cette première et terrible attaque du sort. Il fut étonné de se trouver vaillant en face de ce navrant malheur, et se reprocha presque le calme étrange qu'il gardait parmi cette scène de suprême désolation.

Il se remit à genoux et tâcha de prier ; mais une voix mystique vint tinter à ses oreilles et murmura les dernières paroles de son père mourant :

— Debout ! et guerre à l'Angleterre !

Il se releva d'un bond. — La ligne gracieuse de ses sourcils se fronça violemment ; une nuance de pourpre remplaça la pâleur de son beau visage et son œil jeta un brûlant éclair.

Ce n'était point là, et nul n'aurait pu s'y tromper, le fugitif courroux d'un enfant : c'était la haine d'un homme, et dans cette pauvre chambre du plus pauvre quartier de Londres se formait le nuage précurseur d'une tempête qui pouvait ébranler les Trois-Royaumes.

Fergus s'approcha d'un pas ferme, et dessina lentement, du front de la poitrine, puis d'une épaule à l'autre, le signe sacré de l'oraison catholique.

— Mon père, murmura-t-il tête haute et la main étendue, — je fais serment de vous obéir.

Il trempa ses doigts dans le bénitier suspendu à la ruelle du lit et ferma les paupières ouvertes encore de Chrétien O'Breane. — Mistress O'Breane, elle, semblait dormir un heureux et paisible sommeil. Fergus la baisa au front et sortit pour aller chercher un prêtre.

De telles journées comptent pour de longues semaines dans la vie d'un homme. Lorsque Fergus se retrouva seul, après avoir accompagné pieusement son père et sa mère à leur dernier asile, il sentit éteinte ou assoupie en lui la fougue juvénile de l'adolescence. A sa place, brûlait au fond de son cœur une ardeur grave, sérieuse, puissante, et portée vers un but unique : l'obéissance aux dernières volontés de son père.

Dès lors commença pour lui une vie de labeur incessant. Enfant, il se prit corps à corps avec le gigantesque, sinon l'impossible.

Il étudia, soutenu par une activité patiente et chaude à la fois, les rouages compliqués de la constitution britannique. Il disséqua le colosse afin de bien voir où était son cœur. Il essaya chacun de ses muscles, compara les mille artères qui lui portent la vie, reconnut les endroits faibles, mesura les plaies déjà saignantes qui s'ouvraient çà et là sur son corps, et se fit, par la seule énergie de sa volonté, puissamment expert en ces choses de haute politique qui éblouissent souvent l'intelligence exercée des hommes d'état les plus habiles.

Et pourtant il garda le silence. Aucun pamphlet ne tomba de sa plume. — Que voulait-il donc faire de sa science ?

Lui qui connaissait désormais si parfaitement les parties vulnérables, il ne fut même pas tenté de frapper, et pourtant la voix de son père mourant résonnait encore à son oreille, et, dans la solitude de ses nuits, ces mots occupaient sa veille comme ses rêves :
— Guerre à l'Angleterre !

En ce temps, on eût pu le voir bien souvent errer, pensif et la tête inclinée, par les allées tortueuses de Saint-James-Park. Les ladies s'arrêtaient pour regarder ce jeune homme à la beauté presque mythologique, dont la démarche lente et gracieuse contrastait singulièrement avec le pas raide et la tournure guindée des *élégans* habitués de la promenade. Elles admiraient les délicates richesses de sa carnation, ses traits fins et auxquels on eût pu reprocher une douceur presque féminine, si l'arc aquilin de ses fiers sourcils n'eût donné à sa physionomie un caractère tout particulier de virilité hautaine.

Nul ne savait son nom. — A Londres, pays du positivisme, les femmes poussent néanmoins fort loin la manie de l'étrange et du mystérieux. Ce bel inconnu, triste, solitaire, et portant sans cesse un vêtement complet de deuil, excita bientôt un intérêt romanesque. Plus d'une noble dame le suivit souvent de l'œil tandis qu'il se perdait dans les sinuosités des allées, et l'on vit parfois, du fond d'un somptueux équipage, quelque blanche coiffure s'incliner doucement, quelque brillante prunelle jeter ses feux alanguis par cette mignarde et provoquante ouverture que laissent entre elles deux paupières savamment rapprochées, et dont les longs cils se ferment à demi.

Mais Fergus passait, sans voir et toujours seul avec lui-même, au milieu de cette brillante foule ; objet de l'attention de tous, il ne remarquait personne.

Car les gentlemen eux-mêmes daignaient, du haut de leur cravate, s'occuper aussi un peu du jeune Irlandais. On l'avait vu fréquemment appuyé contre la grille, s'absorber dans ses pensées et jeter sur le royal palais de Saint-James de longs, d'inexplicables regards. — Pourquoi ce jeune homme habillé de noir, que nul ne connaissait, qui ne connaissait personne, regardait-il ainsi le palais de Saint-James ?

Tirer à cible sur le roi, sur les ministres, est à Londres une fantaisie si commune aux maniaques, que la portion saine et raisonneuse des gentlemen habitués du Park ne pouvait penser autre chose, sinon que l'étranger vêtu de noir, — circonstance évidemment aggravante, — guettait l'instant favorable pour essayer son adresse sur S. M. le roi George.

Ces gentlemen étaient en deçà du vrai. Ce n'était point un homme, si haut placé qu'il pût être, ce n'était point S. M. le roi George que le jeune inconnu prétendait mettre à mort...

Fergus, du reste, ne leur donnait point plus d'attention qu'aux ladies. Sa réflexion était si profonde, l'intensité de son travail d'esprit était si grande, que ses yeux perdaient presque la faculté de voir.

Une fois pourtant, il fut tiré brusquement de son incessante préoccupation. C'était dans le Parc-Vert. Au détour d'une allée, un cri perçant vint frapper l'oreille de Fergus. Ce cri, c'était une voix bien connue et autrefois bien chère qui le proférait. Il se détourna vivement. — Un équipage armorié rasait silencieusement le sable de l'allée; à la portière une gracieuse tête se penchait, qui souriait, émue.

Fergus pâlit et fut prêt à défaillir. Puis un

orageux mouvement de colère ramena violemment le sang à ses joues. Il prit son élan pour courir sur la trace de l'équipage, car il avait reconnu Betsy dans cette femme luxueusement parée, et, auprès d'elle, devait être assis son ravisseur.

Mais il ne fit qu'un pas et reprit froidement sa route en sens contraire. L'instinctif besoin de vengeance qui l'avait poussé d'abord vers le séducteur de Betsy s'éteignit dans la réflexion. Son rôle était autre que de châtier vulgairement un outrage en forçant l'insulteur à payer de sa personne. Et il était déjà si avant dans ce rôle, qu'en descendant au fond de son cœur il n'y trouva plus de haine contre l'homme qui avait enlevé sa sœur ; de haine personnelle, bien entendu. Cette injure se fondait avec ses autres griefs. Le coupable devenait une inséparable fraction de l'ennemi qu'il s'était fait et que lui avait désigné son père.

Une idée peut être extravagante en somme, et se raisonner admirablement dans ses détails. D'autre part, il n'y a point d'idée extravagante absolument parlant, ailleurs que dans le rayon des sciences mathématiques. Le succès met en tout de la logique. On a vu des rois, dit le populaire adage, épouser des bergères. Sixte-Quint fit un pauvre métier avant de monter sur le trône papal, et le grand empereur des Français naquit si loin de la pourpre, que l'espoir d'imiter son glorieux exemple passerait par tous pays pour une bonne et belle *extravagance*. Nous pensons que, à part la quadrature du cercle et l'alchimie, rien n'est proprement extravagant sous le soleil.

Ceci posé, chacun garde licence de prendre en pitié Fergus O'Breane et son habit noir.

Assurément, suivant toute apparence, l'œuvre à laquelle il s'attaquait était tout à fait hors de proportion avec ses forces, mais quelle proportion y a-t-il entre le grand chêne gisant, déraciné, sur le sol, et le microscopique insecte dont la dent rongeuse a patiemment miné la base du colosse ?

Fergus voulait, il espérait aussi, puisque toute volonté suppose espoir; mais il ne voyait point les choses à travers le prisme des jeunes illusions. L'obstacle à soulever lui apparaissait tel qu'il était, pesant, inébranlable et scellé au sol par de profondes racines. S'il persistait en face d'un tel obstacle, c'est qu'il avait une grande opinion de lui-même, jointe à un grand courage.

Mais il ne se pressait point, et sa patience même était un menaçant présage.

Pour ceux qui savent ainsi attendre, en effet, les événemens se groupent et poussent au but par des voies détournées. Reculer, pour eux, c'est avancer souvent; c'est du moins prendre champ pour s'élancer mieux et faire un plus large bond.

La vie nouvelle de Fergus n'eût offert à l'œil perçant des plus fins observateurs aucun symptôme politique. Rien de sa pensée, extravagante ou non, ne transpira au dehors. Son existence s'écoula, pareille à celle de tous les jeunes gens de son âge qui vivent de leur travail ; elle arriva comme toutes les autres à une phase amoureuse et devint un roman. — Seulement, ce roman fut le premier chapitre d'une sérieuse histoire.

Il y avait un an que Fergus O'Breane était orphelin. Il allait chaque semaine prier, vers le soir, à la chapelle catholique de Belton, où son père et sa mère avaient reçu les dernières bénédictions de l'Eglise. Fergus était fervent chrétien. Il trouvait d'ailleurs de la consolation et du charme à remplir strictement les devoirs pieux dont la communion romaine recommande l'exercice à ses adeptes, au milieu de cette cité protestante, où les schismes se multiplient à l'infini, et où le culte, dans toutes ces sectes affublées de noms bizarres ou grotesques, affecte uniformément les sèches allures d'une raideur puérile ou glacée.

Fergus n'avait jamais aimé. Rien en lui ne pouvait faire soupçonner encore cet élément sensuel, inflammable à l'excès, cet entraînement soudain, atteignant du premier jet les limites extrêmes de la passion la plus exaltée, cette sensibilité exquise, mais oublieuse, cette délicatesse de cœur unie à l'inconstance, qui devait faire de lui un homme dangereux entre tous, et qui devait joncher sa route dans la vie de plus de victimes que n'en fit jamais don Juan.

Jusque alors ses mœurs avaient été austères comme sa pensée. Enfant jusqu'à la mort de son père, il avait donné depuis lors toutes ses heures à la tâche qu'il s'était imposée. Or, à mesure qu'il étudiait pour agir, sa haine changeait de nature et devenait raisonnée, d'instinctive qu'elle était. Il ne voulait plus se venger seulement pour obéir à son père : l'étude lui avait révélé les innombrables griefs de l'Irlande, et sa querelle grandissait jusqu'à se faire nationale.

Il n'y avait nulle place pour l'amour au milieu de ses graves préoccupations. Fergus oubliait les vagues aspirations qui avaient embelli ses rêveries durant les derniers mois de la vie de son père. Le malheur et la vengeance étouffaient chez lui en son germe la fièvre vive de l'adolescent qui va s'éveiller homme, et il n'était pas de taille encore à mener de front les choses du cœur et de la tête.

Un soir de printemps, au moment où, sortant de la chapelle de Belton, il tournait l'angle de Shorts-Gardens, un cabriolet de forme antique, traîné par un fort cheval de labour, vint se heurter violemment contre le trottoir et perdit une de ses roues. Le cheval, effrayé, s'arrêta un instant, puis s'élança de nouveau.

Un cri de femme partit du cabriolet à demi renversé.

Fergus n'avait point attendu cet appel. Son premier mouvement l'avait porté à la tête du cheval, dont l'élan s'arrêta brusquement sous l'effort de sa main robuste.

Car Fergus, qui ne connaissait pas plus ses forces que son cœur, avait, sous sa grâce élégante, la puissance d'un athlète.

A l'instant où le cheval pliait les jarrets et rougissait le mors de son écume sanglante, un homme sauta sur le trottoir et tendit ses deux bras à l'intérieur du cabriolet.

— Ne vous effrayez pas, Mary, dit-il avec émotion. — Venez, venez vite, chère sœur, car cet enfant ne pourra long-temps contenir le cheval.

Celle qu'on appelait Mary ne répondit point. — Le cheval, cependant, comme s'il eût compris le dédain que son maître faisait de l'*enfant* qui le retenait, redressa les jarrets, et tâcha de bondir en avant. Mais la main de Fergus semblait être de fer, et l'animal dompté courba la tête et demeura immobile.

En même temps, la porte de la maison formant l'angle de Shorts-Gardens s'ouvrit, et un groom s'empressa de venir prendre la place de Fergus.

Celui-ci se rajusta paisiblement et reprit sa route.

—Sur ma foi! mon jeune monsieur, s'écria le maître du cabriolet, — voilà qui n'est pas agir comme il faut!... Vous voyez bien que je suis embarrassé par ma pauvre petite Mary, qui a perdu connaissance, je crois, la chère enfant, et que je ne puis courir après vous pour vous remercier... Vous lui avez peut-être sauvé la vie, après tout, et je voudrais...

—Monsieur, je vous tiens quitte de vos remerciemens, répondit de loin Fergus.

—Oh! oh! en est-il ainsi?... Eh bien, vous autres Anglais, vous êtes faits comme cela, je n'ai rien à dire de plus... seulement j'aurais voulu serrer la main de l'homme qui a sauvé Mary... voilà tout.

Il y avait dans ces paroles deux choses qui allèrent droit au cœur de Fergus. D'abord, une franchise cordiale à laquelle il était bien difficile de résister, en second lieu, un fort accent écossais. Fergus n'eût point voulu toucher la main d'un Anglais.

Il revint sur ses pas, et sourit pour la première fois depuis la mort de son père, en voyant le maître du cabriolet ouvrir ses deux bras et en se sentant embrasser avec chaleur.

—Pardon, gentleman, pardon ! reprit l'Écossais ; — mais vous êtes un brave cœur et j'aime tant ma petite Mary !... Maintenant que je vous tiens, je veux mourir si nous nous séparons sans boire ensemble un verre de vin de France à la santé de qui bon vous semblera. Aidez-moi, je vous prie, à tirer de là ma petite sœur.

L'Écossais avait soulevé le tablier du cabriolet et ramené vers soi une forme de jeune fille, affaissée contre l'une des parois de la voiture. Fergus ne pouvait, en conscience, refuser de l'aider un peu. Ce fut en soutenant pour moitié les pas chancelans de Mary qui avait repris ses sens, mais ne pouvait marcher encore, qu'il entra pour la première fois sous un toit étranger depuis la mort de son père.

La jeune fille fut déposée sur un sopha, dans le parloir. L'Écossais la baisa tendrement au front et se tourna vers Fergus dont il serra la main.

— Monsieur, dit-il, nous autres bons garçons du Teviot-Dale, nous ne faisons pas souvent de longues phrases. Je suis le fils du fermier de Leed, entre Annan et Lochmaben ; j'ai nom Angus Mac-Farlane ; touchez là, et si aujourd'hui, demain ou plus tard, vous avez besoin d'un ami...

— Monsieur, interrompit Fergus, dont la réserve ne tombait pas ainsi du premier coup, — ce que j'ai fait ne me paraît point mériter.....

— Oh ! oh ! s'écria Mac-Farlane, les complimens ne signifient rien, monsieur... Et puis vous ne connaissez pas Toby..... Toby, c'est mon cheval... Je ne savais personne, voyez-vous, qui fût capable d'arrêter ainsi ce diable de Toby en pleine course... Duncan ! apportez du vin et des verres... et faites descendre Mac-Nab..... Non, non, monsieur, il ne faut pas croire que vous ayez fait là une chose facile ! moi qui ne suis pas une femmelette, je ne voudrais pas jurer de faire plier comme vous les jarrets de Toby !

Angus Mac-Farlane ne ressemblait guère alors au portrait que nous avons fait de lui dans le cours de cette histoire. C'était un beau garçon d'une trentaine d'années, au visage hardi, franc et joyeux. A de rares intervalles, un nuage passager qui venait assombrir son front sans motif était sans doute un symptôme précurseur de cette fièvre de la tête qui exalte et emplit de cruelles visions les cervelles écossaises, mais c'était un symptôme lointain et qui pouvait avoir une signification tout autre. A coup sûr, en ce temps de tranquillité modeste, nul médecin, si clairvoyant qu'il fût, n'aurait pu deviner la bizarre maladie qui menaçait déjà les facultés d'Angus Mac-Farlane.

Il avait appelé Mac-Nab, son beau-frère, qui habitait Londres avec lui depuis quelques semaines, afin de faire honneur à son hôte. M. Mac-Nab avait épousé la sœur d'Angus. Nous savons de la propre bouche de Stephen, son fils, les détails de sa fin tragique, dans cette même chambre de la maison de Randal Grahame, où la malheureuse Harriet Perceval devait être plus tard enlevée. M. Mac-Nab pouvait avoir le même âge que son beau-frère.

C'était un homme d'aspect intelligent et distingué, mais froid. Ses manières faisaient contraste avec les façons abandonnées et le joyeux sans-gêne d'Angus. L'opinion générale lui donnait, parmi beaucoup d'autres mérites, une haute franchise et une entière loyauté, mais cette franchise était peu communicative et ne se jetait point à la tête du premier venu. Il remplissait les fonctions d'avocat-plaidant (*barrister*) près les cours de justice de Glasgow.

Quant à Mary Mac-Farlane, pour peu que le lecteur se souvienne de certain portrait suspendu entre deux fenêtres dans cette pièce d'Irish-House que nous connaissons sous le nom de « la chambre du laird, » portrait représentant une jeune fille habillée suivant la mode de l'époque de nos dernières guerres contre Napoléon, nous n'aurons besoin d'aucune description nouvelle. Mary était en effet l'original de ce portrait merveilleusement ressemblant ; seulement Mary était encore plus jolie, plus douce, plus souriante que son portrait. Elle allait avoir seize ans.

Fergus était là depuis un quart d'heure et ne l'avait point remarquée encore. M. Mac-Nab venait d'entrer, et sur le récit d'Angus, il avait adressé au jeune étranger de courtoises actions de grâce. Tout semblait être fini ; la froideur polie de Mac-Nab contrebalançait la chaude cordialité de Mac-Farlane, et Fergus, repris de son idée fixe, avait hâte de mettre fin à cette inutile distraction.

Il allait prendre congé, après avoir complaisamment fait raison au toast d'Angus, qui n'en avait pas voulu démordre, lorsque Mary quitta le sofa où son frère l'avait déposée et s'avança vers le centre de la chambre. Fergus s'arrêta, comme si une invisible main l'eût cloué au parquet. Mary prit un verre sur le plateau et y versa quelques gouttes de vin.

— Il faut me faire raison à moi aussi, dit-elle doucement; — je bois à la santé de ceux que vous aimez.

Fergus devint pâle et fût tombé à la renverse si Mac-Farlane ne l'eût soutenu par derrière.

— Madame!... madame! murmura-t-il d'une voix que sa douleur soudainement réveillée rendait tremblante; — ceux que j'aimais sont morts... et je n'aimerai plus... c'est-à-dire... je ne sais..... peut-être.... Je bois à vous, madame !

Il avait saisi sur le plateau un verre qu'il vida d'un trait avec une précipitation pleine de trouble. Le sang était revenu à sa joue. Ses yeux se baissaient comme si un poids de plomb eût pesé sur sa paupière. Sa respiration haletait.

M. Mac-Nab fronça le soucil. Mary devint toute rose et demeura, les yeux baissés aussi, en face de Fergus.

Mac-Farlane éclata de rire.

— Bien ! bien ! dit-il ; — je n'ai jamais vu

un garçon aussi beau que vous, monsieur O'Breane... Tudieu! Mac-Nab, j'aurais voulu que vous le vissiez courber la tête de Toby comme si c'eût été un poney des Higlands... J'espère, monsieur O'Breane, que nous aurons le plaisir de nous revoir.

Fergus leva les yeux sur Mary, répondit un oui à peine intelligible et se retira précipitamment.

Bien souvent, depuis un an, ses nuits se passaient sans que le sommeil vînt clore le travail continuel de son esprit. Cette nuit encore, il ne dormit point, mais ce ne furent pas ses pensées ordinaires qui présidèrent à son insomnie.

Fergus aimait. — Un instant, un seul, il voulut se raidir contre ce sentiment inconnu qui envahissait à la fois son cœur et sa tête. Mais il ne lui était pas donné, si fort qu'il fût contre toutes autres atteintes, de combattre l'amour. Ce premier mouvement de résistance fut l'instinctive protestation de sa haine un instant oubliée. Puis la vengeance se tut; la lutte prit fin et Fergus se plongea tout entier, avec un abandon complet, avec une allégresse folle, dans cette première extase d'amour.

Cette nuit fut comme une révélation de sa vie à venir, vie partagée entre d'herculéens labeurs et de sensuelles délices. Il apprit tout d'un coup ces rêveries passionnées, cette fougue de désirs, cette victorieuse volonté de posséder qui devaient mettre tant de molles jouissances aux intermèdes de ses batailles. Un seul regard avait allumé ses sens et son cœur. Entre l'homme de cette nuit et l'homme de la veille il y avait désormais un abîme.

Et pourtant, parmi ses aspirations enflammées, combien ce premier amour était poétique et pur! Fergus se donnait tout entier, sans réserve, sans arrière-pensée. Jamais tendresse de page n'eut de plus infinies délicatesses. C'était un servage, c'était un culte.

Mais Fergus devait aimer ainsi toujours. Son cœur, inconstant par nature, était à l'épreuve de ces satiétés desséchantes qui sont le propre de l'inconstance. Il devait rester jeune tout en vivant vite et beaucoup; il devait impunément dépenser les trésors de son opulente organisation. Il était au moral ce que serait un prodigue jetant l'or sans cesse en des profusions folles, et ne pouvant point parvenir à ruiner son inépuisable héritage.

Oh! ce fut une belle nuit, et Fergus s'en souvint. Si pleine de passions profondes et vraies dans leur passagère durée, que pût être désormais sa vie, cet amour était le premier amour. Sa trace devait rester au cœur, comme s'imprègne aux pores d'un vase neuf l'indélébile parfum de la première liqueur versée.

Car le cœur a beau changer, sa mémoire n'a point d'inconstances. Pour mille tendresses on n'a qu'un souvenir, autour duquel les autres voltigent et passent, effacés à demi, pâles, inaperçus...

Fergus passa douze heures avec son délicieux rêve.

Le lendemain, dès le matin, Angus Mac-Farlane vint le visiter. — Il y a comme cela des sympathies. Mac-Farlane eût été l'ami de Fergus malgré Fergus.

Mais ce dernier n'avait garde de repousser l'amitié précieuse du frère de Mary. Entre eux, grâce à ce lien puissant, l'intimité marcha vite. L'amour alla le même train. Mary, naïve et simple enfant, ne pouvait résister long-temps à ce beau Fergus qui avait en quelque sorte, infuse, la science de la séduction. Elle aima comme elle était aimée, sans réserve.

Seulement elle devait aimer plus long-temps.

La maison de Mac-Farlane devint bientôt celle de Fergus. Fergus apprit tous les secrets du loyal Ecossais et les motifs de sa présence à Londres. Parmi ses secrets, à lui, Fergus ne confia que son amour.

Plusieurs semaines se passèrent ainsi. Mac-Nab gardait toujours, vis-à-vis d'O'Breane, sa politesse cérémonieuse et froide ; mais Mac-Nab, après tout, n'était pas le maître de la maison.

A part Fergus, il n'y avait qu'un seul étranger qui fût admis à voir fréquemment miss

Mac-Farlane. C'était un jeune nobleman nommé Godfrey de Lancester, qui attendait la mort de son vieux père pour devenir comte de White-Manor.

VIII

DUEL ANGLAIS.

Angus Mac-Farlane et son beau-frère Mac-Nab étaient à Londres pour soutenir un de ces inextricables procès que l'obscurité proverbiale des lois anglaises soulève sans cesse, et qu'une cour de justice juge tant bien que mal, à l'aide de poids multiples et fort divers, parmi lesquels il faut compter d'abord l'équité, puis le hasard, puis les faveurs et les recommandations.

Assurément, nous n'avons en aucune façon la pensée d'accuser de vénalité la justice anglaise, néanmoins il faut bien reconnaître qu'à Londres l'argent gagne presque tous les procès. Que cet argent ne passe pas immédiatement dans la poche des magistrats, c'est ce qu'on ne peut nier, mais ceci importe peu en définitive. Le mal, c'est qu'un homme pauvre et dépourvu de protecteur ne puisse faire valoir les droits les plus évidens. Il est de notoriété publique qu'un certain nombre de livres sterling habilement dépensées peut prolonger à Londres un débat judiciaire au delà de la durée commune de la vie humaine. Le Le droit est ici la moindre chose. Qui s'en occupe ? La *forme* trône, sous l'espèce d'un magistrat mal coiffé, et préside à toutes contestations. Le fond devient détail et s'absorbe dans un luxe de formalités bizarres dont la moindre épuisera la bourse creuse d'un plaideur nécessiteux.

Et puis, chose incroyable, absurde, révoltante, les jugemens et arrêts prennent force de loi. Tout magistrat procède par voie réglementaire. Notre jurisprudence n'est pas seulement, comme partout ailleurs, un répertoire vénérable où le juge puise des inspirations et des conseils, un guide respecté, dont les décisions pèsent un grand poids dans la balance, mais peuvent à la rigueur être discutées, modifiées, rejetées. Notre jurisprudence est un recueil de lois particulières, parfaitement obligatoires dans leurs innombrables contradictions. Le pour et le contre y sont impérieusement ordonnés et défendus. Tout s'y trouve, l'incontestable comme l'extravagant, et parmi ce dédale, la conscience du juge flotte, irrésolue, tandis que son esprit indécis rumine un arrêt qui deviendra loi à son tour et augmentera d'autant l'indigeste amas de notre tohu-bohu légal.

Il y a bien long-temps que d'éminens esprits caressent l'idée de nettoyer un jour ces étables d'Augias. Lord Brougham a fait entendre souvent sur ce sujet d'éloquentes et pressantes paroles, mais nous voulons gager que la fin du monde arrivera avant que notre fameux code national soit constitué.

A la moindre tentative, il y aurait émeute d'avocats, de sollicitors, d'attorneys, d'huissiers, de greffiers, de massiers. Les robes noires et les perruques poudrées descendraient sur la place publique, et la corporation estimable des clercs d'avoués mettrait le feu aux quatre coins de Londres.

Il s'agissait, dans le procès d'Angus MacFarlane, ou plutôt de son père, le fermier de Leed, d'une vaste étendue de terrains contestée par l'un des juges de paix du comté de

Dumfries. Ceci était une circonstance mauvaise : un juge de paix !

M. Mac-Farlane, dont la famille avait toujours possédé ces terres, qui composaient à peu près toute sa fortune, n'avait garde cependant de céder sans combattre. Le juge de paix était riche et bien appuyé ; Angus et Mac-Nab furent envoyés à Londres, afin de suivre activement les intérêts de la famille.

Angus ne voyait qu'une chose à faire : se présenter devant le juge et déduire ses prétentions ; mais Mac-Nab, avocat et rompu aux tortueux procédés de la chicane écossaise (car nous devons dire que, sous le rapport des ténèbres, des piéges et de la mauvaise foi, les *lawyers* de Londres le cèdent encore à ceux de Glasgow et d'Édimbourg), Mac-Nab voulut se précautionner d'un appui et engager la lutte d'une manière plus égale. D'anciennes relations de famille lui ouvrirent la maison du vieux comte de White-Manor, lequel était un digne seigneur. Mac-Nab lui fit toucher au doigt la justice de sa cause, et le comte prit l'affaire sous sa haute protection.

C'était bien le moins qu'on acceptât en échange l'honneur d'être visité de temps à autre par le fils aîné de Sa Seigneurie.

Godfrey de Lancester se présentait ainsi sous les auspices de M. Mac-Nab. Angus ne le voyait point d'un bon œil, et Mary éprouvait pour lui une sorte d'instinctive aversion.

L'honorable Godfrey avait alors de trente à trente-cinq ans. Sa figure, assez belle, mais rougie par l'habitude des liqueurs fortes autant que par l'effet d'un tempérament sanguin à l'excès, offrait les caractères distinctifs du type saxon, reproduit avec une énergie presque brutale. L'égoïsme se lisait en grosses lettres sur ses traits écarlates, et la violence perçait sous l'enveloppe compassée que le flegme britannique met uniformément autour de toutes les physionomies.

Angus pensait que l'Honorable Godfrey était amoureux de sa sœur Mary. Mac-Nab prétendait le contraire.

Fergus, lui, avait les sympathies d'Angus et l'amour de Mary.

Les choses ne pouvaient demeurer longtemps ainsi sans qu'on parlât de mariage. Mac-Nab, dès qu'il eut connaissance des prétentions du jeune Irlandais, s'y opposa de tout son pouvoir, mais Mary jeta en pleurant ses deux jolis bras autour du cou de son frère, qui jura que le mariage se ferait.

Fergus et Mary furent fiancés.

Il y avait entre Fergus et l'Honorable Godfrey de Lancester une antipathie naturelle, qui se traduisait de la part du premier en dédaigneux silence et, du côté du nobleman, par de provoquans regards et des mouvemens de haine à peine dissimulés. Ils se rencontraient fort souvent dans la maison d'Angus, mais O'Breane avait pris l'habitude de céder la place et se retirait aussitôt qu'apparaissait l'héritier du lord. Par ce moyen, un éclat avait été jusque alors évité.

Le lendemain du jour où le mariage avait été résolu, la famille Mac-Farlane devait partir pour l'Ecosse où l'appelait momentanément la conduite du procès ; Fergus était seul dans le parloir où il attendait Mac-Farlane. Avant que ce dernier fût arrivé, on introduisit l'Honorable Godfrey de Lancester, dont le visage en désordre annonçait une violente colère toute prête à éclater. Fergus, suivant sa coutume, prit son chapeau et se dirigea vers la porte en silence.

— Dieu me damne ! murmura brutalement

Godfrey, ce rustre a du moins le bon esprit de prendre la porte de lui-même.

Fergus s'arrêta et regarda en face M. de Lancester, qui se jeta sur le divan et croisa ses jambes avec une nonchalance affectée.

— Je pense que c'est de moi que vous parlez, monsieur? dit Fergus.

— Cela pourrait, pardieu! bien être, jeune homme, répliqua Godfrey.

Fergus rougit, mais ne perdit point son calme.

— Monsieur, reprit-il, à la manière dont

commence cet entretien, il me semble que mieux vaudrait le continuer au dehors...

Godfrey haussa les épaules et ne bougea pas.

— Car je suppose, poursuivit Fergus, et j'espère qu'il y a autre chose que de la lâcheté derrière votre insolence.

— Allez! dit Lancester qui se leva en souriant. Je vous suis.

Fergus passa le premier et M. de Lancester le suivit en effet en boutonnant prestement les revers de son habit.

Comme ils entraient dans la rue, Fergus voulut prendre la paro. le

— Plus loin ! dit M. de Lancester, qui tourna l'angle de Shorts-Gardens et entra dans Belton-Street.

Fergus le suivit à son tour. — Godfrey quitta le trottoir et vint se poser au milieu de la rue. C'était à cette époque encore un homme très robuste, et la posture qu'il prit, bien connue dans Londres où le pugilat est une science populaire aussi bien qu'aristocratique, fit ressortir davantage les vigoureuses proportions de son torse.

Il n'y avait dans la rue que de rares passans, affairés, qui foulaient le trottoir les mains dans leurs poches et l'œil fixé droit devant eux, comme il convient à des gens versés dans l'art de marcher en public et qui ne veulent point recevoir vingt coups de coude par minute.

— Allons, monsieur, dit Godfrey d'un ton provoquant, — s'il vous plaît de continuer ici notre entretien, je suis à vos ordres.

— Il me plaît, monsieur, répliqua Fergus en s'avançant, de vous demander compte de votre brutale insolence.

— Soit, jeune homme. Je vais vous rendre mes comptes... et je serai bien trompé, pardieu ! si vous vous avisez de m'en demander jamais d'autres... Procédons par ordre : d'abord, vous aimez miss Mac-Farlane, et cela ne me convient pas... Ensuite, je crois que miss Mac-Farlane vous aime... Enfin, on m'a dit que vous alliez l'épouser.

— C'est vrai, répondit Fergus.

— Non pas !... Avant cela, jeune homme, je vous briserai les côtes.

— Monsieur ! monsieur ! s'écria O'Breane dont la tête s'échauffait, — ma patience se lasse et je vais vous en faire repentir...

Il ne put achever, parce qu'un coup de poing du nobleman l'atteignit en pleine poitrine et le jeta violemment à la renverse.

L'Honorable Godfrey de Lancester était le meilleur élève du fameux Holmes, de Covent-Garden, qui tint pendant près d'un quart de siècle le sceptre du *ring* à Londres, et dont le portrait en pied se voit encore dans tous les public-houses où s'assemblent les boxeurs.

Godfrey se remit en garde aussitôt et sourit avec satisfaction.

Les passans s'arrêtèrent des deux côtés de la rue, sur le trottoir. Un *boxing* dans la boue est une bonne fortune qui devient rare et dont les cokneys apprécient de plus en plus le charme. — Ici, le début promettait.

Fergus se releva, étourdi, furieux. Sans calculer son attaque et sans prendre plus de précaution que la première fois, il s'élança de nouveau. — Le bras de Godfrey, ramené à la hauteur de l'œil, se déploya. — Une seconde fois Fergus roula sur le pavé, où il demeura quelques secondes, immobile et comme anéanti.

Il va sans dire que personne ne bougea pour lui porter aide. — Quelques laconiques dialogues couraient seulement dans l'assistance qui augmentait sur le trottoir et envahissait déjà la rue.

— Bonjour, monsieur Hobson... Comment va ?... Voici un jeune gaillard qu'on est en train d'assommer... Comment est votre lady?

— Monsieur Sinclair, je vous salue... Le coup était bon... Le jeune homme a dû voir du feu... Votre lady se porte bien ?

— Ce qui est sûr, c'est qu'il en a assez, je crois... Voyez, il ne bouge plus.

Quelques mains applaudirent. — Le coup était bon. — Godfrey, athlète émérite, en frappant un homme tout à fait étranger à l'art du pugilat, abusait assurément de son avantage et faisait aussi positivement acte de lâcheté qu'un soldat armé de toutes pièces qui se servirait de son épée contre un ennemi désarmé, mais, à Londres, nous ne saurions trop le répéter, on ne raisonne point ainsi. Le sens de la générosité y fait défaut à tous. Etre le plus fort, voilà l'honneur; être le plus riche, voilà la gloire.

C'est au point qu'on serait fort embarrassé pour découvrir l'endroit précis où commencent les susceptibilités de nos gentlemen. — A la Chambre basse, un député traite son collègue de roquet et lui dit que Robert Peel le fait marcher à coups de fouet. Le collègue trouve cela tout simple et riposte au préopinant en le traitant de caniche et en l'accusant d'avoir léché la botte de John Russell. — Et la Chambre de rire !

En un mot, les instincts chevaleresques nous sont presque aussi étrangers qu'aux Américains eux-mêmes.

Le coup *était bon*, qu'importait le reste ? — Godfrey ne mettait point son talon sur la poitrine du vaincu, n'était-ce pas assez de grandeur d'âme ?

Cependant M. Hobson et M. Sinclair se trompaient. Fergus n'en avait pas assez. Après quelques secondes d'immobilité, il se releva. Son visage était livide, et, au milieu de cette pâleur, ses yeux rayonnaient un feu sombre.

Il ne se rua point comme naguère à la rencontre de son adversaire ; il le mesura un instant du regard et s'avança vers lui à pas lents, les bras pendans, le corps et le visage complétement découverts.

Un frémissement de curiosité courut dans l'assistance. Chacun s'arrangea pour voir mieux et ne rien perdre du dénouement, car il était évident pour tous que l'athlète allait pouvoir choisir une partie vulnérable. — Il y avait à espérer mort d'homme.

Le regard de Godfrey devint en effet attentif, et se darda, perçant, sur le point où la poitrine cède et se creuse en rejoignant l'estomac.

Fergus avançait toujours. — Godfrey visa et frappa de toute sa force. L'un de ses poings attaqua la poitrine de Fergus, qui rendit un son creux, effrayant à entendre, l'autre toucha la naissance du front, et fit jaillir en gerbes de minces filets de sang.

A la stupéfaction générale, Fergus ne tomba point sous ce double coup. Il ne chancela point ; il ne recula point. Le choc s'émoussa sur sa chair comme s'il eût rencontré l'airain d'une colonne. — L'assemblée, dont l'avide intérêt était porté au comble, laissa échapper un sourd murmure en le voyant debout toujours et droit et ferme, avec une étoile sanglante au milieu de son front pâle.

Godfrey lui-même s'attendait si bien à le terrasser encore, sinon à le tuer du coup, qu'il ne mit point sa prestesse ordinaire à ramener ses poings à la parade. Dans sa certitude du triomphe, il oublia la règle principale, le fondement de l'art. Quant il reconnut son erreur, il n'était plus temps de réparer la faute commise. Les deux mains de Fergus, — deux tenailles d'acier, — se refermaient sur ses bras qu'elles broyaient.

Le nobleman pâlit à son tour, car l'haleine de Fergus lui brûlait le visage, car les yeux de Fergus, ardens et sombres, fascinaient ses yeux déjà troubles et emplis de terreur. Il voulut dégager ses bras. Impossible! La pression des doigts de Fergus, égale, continue, patiente, lassait ses efforts impuissans, et avait la ténacité de ces anneaux de fer rivés aux poignets des condamnés.

Il se vit perdu. — La foule faisait silence. — On n'entendait que la voix de quelques hommes de police, qui, empêchés par la cohue, tâchaient de percer la barrière humaine formée autour des combattans, et menaçaient en vain de leur baguette plombée.

Fergus semblait grandir dans sa colère. Sa belle taille se redressait avec une fierté terrible en face de son adversaire dompté. Ses traits doux et charmans avaient pris une sauvage et implacable puissance...

Il ramena les bras de Godfrey en arrière et les lâcha tout à coup pour jeter les siens autour des reins du nobleman terrifié, qui se sentit perdre plante. — L'assistance vit les traits de M. de Lancester se contracter horriblement, et entendit un sourd craquement d'os broyés. — Fergus alors lâcha prise, et Godfrey s'affaissa, inerte, sur le sol.

— Il est mort! il est mort! cria-t-on de toutes parts.

Et la foula s'ébranla, non point encore pour secourir, mais pour toucher après avoir vu.

Ce mouvement livra passage aux hommes

de police, qui, suivant la coutume de tous les gens de police de toutes les contrées de l'univers, parurent sur le lieu du désastre lorsqu'on n'avait plus besoin d'eux.

Lancester gisait immobile. — Quant à Fergus, qu'une indomptable volonté avait seule soutenu dans le dernier acte de ce drame, il s'appuyait au bronze d'un réverbère, épuisé, râlant, près de défaillir.

On le conduisit devant le magistrat, tandis que M. de Lancester était placé sur un brancard qui le ramena dans Portland-Place, chez son père, le lord de White-Manor.

Ceci s'était passé en plein soleil, devant mille témoins.

Un mois après, Fergus O'Breane comparaissait devant le grand jury de la cour des sessions, comme accusé de tentative d'assassinat avec préméditation et guet-apens contre la personne de l'Honorable Godfrey de Lancester, héritier présomptif de la pairie de White-Manor.

Fergus était prisonnier depuis lors, parce qu'il n'avait point pu fournir caution.

C'est assurément une belle et noble prérogative du citoyen anglais que l'*habeas corpus*.

Notre loi vient ici en aide à l'accusé innocent, et lui épargne ces longues détentions préventives, ces mois, ces années de captivité que la justice de plusieurs pays du continent, et notamment la justice française, inflige sur un soupçon et comme à l'aveugle. Nous sommes ici évidemment en avance sur le chemin de la civilisation, et notre corps de droit, si confus qu'il puisse être, se montre exempt du moins de cette honteuse et flagrante contradiction du code français, qui, tout en proclamant bien haut que tout prévenu est réputé innocent avant sa condamnation, commence par le jeter en prison, sauf à l'acquitter ensuite.

Mais pourquoi faut-il que chez nous l'argent soit la condition expresse et fatale de l'exercice de tout droit? Cet *habeas corpus*, tant et si justement vanté, profite au riche et laisse le pauvre dans les fers.

Le pauvre qui tâche chaque jour, péniblement et par un travail sans trêve, à gagner son repas du soir, a-t-il donc des fonds en réserve pour le cas où le hasard, l'erreur, la perfidie feraient peser sur sa tête une accusation? N'est-ce point moquerie que de lui demander alors, à lui qui a faim et qui couche sur la cendre, une caution personnelle?

Certes, il faut une garantie à la justice. Mais l'argent est-il donc l'unique, l'éternelle garantie? Le malheur appellera-t-il donc toujours d'autres malheurs, et ne se lassera-t-on point de tracer autour de l'indigent un cercle vicieux de soupçons et d'impossibilités?...

Godfrey de White-Manor avait été bien près de succomber aux suites de la terrible étreinte de Fergus. Durant la première semaine, les médecins avaient eu peu d'espoir de le sauver; mais il avait pris le dessus et entrait en convalescence. Godfrey appartenait à une famille puissante et il était altéré de vengeance. Autour de son lit de malade un conciliabule se forma : des gens de loi se relayèrent à son chevet; on s'entendit; on combina les faits; on ourdit une trame à laquelle Fergus, seul, malade lui-même dans sa prison, et se croyant fort de son innocence, ne devait point échapper.

Fergus subit dans sa prison un luxe d'interrogatoires, et il dut voir dès l'abord qu'on ne l'accusait pas seulement d'avoir été acteur dans une rixe, accompagnée de violences. Il était jeune ; il mit sa foi dans l'équité de ses juges et répondit suivant la vérité.

C'eût été pour lui une consolation bien grande que d'avoir des nouvelles de Mary et d'Angus. Mais il ne s'étonna point trop de leur silence. La famille de Mac-Farlane devait être en Écosse, et sans doute Mary et Angus ignoraient son malheur.

Il écrivit à Lochmaben ; il ne reçut point de réponse.

Dans la solitude de sa prison, ses vastes plans de vengeance, un instant mis à l'écart, revinrent solliciter son esprit. La première fois qu'il tourna de ce côté les regards de son intelligence, il eut un accès de découragement profond, car depuis plusieurs mois il avait marché en arrière plutôt qu'en avant, et son projet lui apparaissait maintenant comme un rêve insensé.

Ce fut l'affaire d'une nuit. — Fergus était un de ces esprits hardis qui coulent en bronze leurs imaginations, et changent en combinaisons méditées froidement, étudiées profondément, le premier jet, téméraire et fou, de leur pensée. Son projet avait déjà des racines assez fortes en lui pour que chacune de ses faces, passagèrement oubliée, revînt se présenter à son tour et subir l'examen. A mesure qu'il divisait et comptait ainsi les foudres composant le faisceau mis en réserve quelques mois auparavant, son enthousiasme lui était rendu. Il revoyait les défauts de l'armure britannique ; il retrouvait ses chances d'attaque et de victoire. L'avenir s'ouvrait pour lui de nouveau, et du fond de son humide cellule, sur le grabat misérable où s'étendaient ses membres malades, il poussa, plein d'ardeur et d'espoir, son cri de bataille :

— Guerre à l'Angleterre !

Hélas ! quel néant d'un côté ; de l'autre quelle colossale puissance !

Fergus n'avait même pas la liberté pour croiser sa frêle épée contre la massue du géant. Ses mains, faibles qu'elles étaient, avaient en outre des chaînes, et le colosse ennemi allait l'écraser dans sa marche, l'écraser sans le voir et sans connaître la guerre déclarée, comme le paysan cheminant la nuit écrase du pied, à l'aveugle, le scorpion dont la mortelle piqûre le menace.

Lorsque Fergus comparut devant le grand jury assemblé dans Old-Bailey, il n'y eut qu'une voix sur son affaire. Il fut renvoyé devant la cour.

Ce premier coup le surprit douloureusement ; mais ceci n'était, après tout, qu'un préliminaire. Il avait été si brutalement attaqué ; le cas de légitime défense était si manifeste, et tant de témoins avaient assisté à la querelle, qu'une condamnation lui semblait impossible.

Fergus, tout armé qu'il était contre l'Angleterre, ne connaissait pas encore tous les torts à redresser, toutes les hontes à purger. Rien n'est impossible à Londres, en fait de condamnation. Nos annales judiciaires sont les plus riches du monde entier en erreurs inexcusables et en sanglantes iniquités. Nous avons d'une part le tortueux dédale de nos lois, de l'autre le faux témoignage, organisé sur une échelle inconnue partout ailleurs. Lord Holland n'a-t-il pas dit, à l'occasion d'un procès célèbre, qu'entre le tribunal de Ponce Pilate et la cour d'assises il choisirait le juge qui condamna Jésus-Christ?

Godfrey de Lancester et ses conseillers étaient mieux instruits que Fergus. Ils savaient que les *cellars* de Long-Lane et d'Aldergate-Street sont habités par une population famélique et misérable, dont l'unique industrie est le faux témoignage, et qui tient le parjure à des prix fort modiques, depuis un pot de gin jusqu'à huit ou dix shellings. Toutes leurs mesures étaient prises. A l'audience, un bataillon serré d'hommes achetés vint déposer que Fergus avait attaqué le fils du lord traîtreusement et à main armée. Fergus croyait rêver. Il s'agitait sur son banc et criait :

— Mensonge! Mais les témoins se succédaient sans relâche et déposaient tous dans les mêmes termes.

— Mensonge! mensonge! répétait machinalement Fergus.

L'huissier criait silence et l'attorney du roi avait peine à contenir l'indignation soulevée en lui par l'effronterie des dénégations de l'accusé.

Quant aux gentlemen jurés, ils tuaient le temps de leur mieux, et combinaient le menu de leur repas du soir.

Un dernier témoignage vint porter à l'accusé le coup de grâce.

L'homme qui l'apporta était une sorte de mendiant, âgé d'une vingtaine d'années, et dont toute la personne présentait le plus repoussant aspect. Ses cheveux rudes et touffus à l'excès rejoignaient presque ses sourcils, dont les poils hérissés cachaient un œil cauteleux et méchant. Tous les penchans ignobles et mauvais se lisaient sur cette physionomie dont un sourire hypocrite et bonhomme complétait l'ensemble, faux jusqu'à la perfidie, bas jusqu'à l'abjection.

Il s'avança vers le tribunal d'un pas saccadé, inégal et dont chaque enjambée disloquait tous ses membres. Arrivé devant la barre, il salua le juge, les assesseurs, l'alderman, les jurés, le greffier, l'attorney du roi, les avocats, l'auditoire et le constable qui l'avait amené.

—Oh! Vos Honneurs, dit-il avant qu'on l'interrogeât, — mes bons lords, je jure sur l'évangile et sur tout, que je sais la vérité... Dieu ait pitié de moi à l'article de la mort! Je vais dire toute la vérité... Vos Honneurs m'ont condamné hier à la déportation pour une pauvre douzaine de foulards qu'on a trouvée dans ma poche... Mais je ne me plains pas, mes bons lords!... La vie est durement chère à Londres, et je trouverai peut-être là-bas, comme on dit, de l'autre côté de l'eau, à gagner honnêtement mon pauvre pain... Oh! oui! je n'ai point d'intérêt à tromper la justice, et je connais bien Fergus O'Breane, le scélérat!...

Fergus voulut répliquer. L'huissier cria silence.

— C'est cela, dit le témoin, faites-le taire, le brigand!... Oh! Vos Honneurs, est-il possible d'avoir l'âme assez noire pour assassiner le fils d'un lord! d'un lord qui a des millions de livres sterling!... Je le connais, allez! Il demeurait dans Saint-Gilles avec son brigand de père!...

— Misérable! s'écria Fergus d'une voix tonnante.

— Faites-le taire! reprit le témoin, ou il va mentir comme un mécréant qu'il est... Il demeurait dans Saint-Gilles avec sa mère et sa sœur, — une mendiante dont lord Fitz-Allan, — que Dieu bénisse Sa Seigneurie! — a fait une belle dame avec des diamans et des cachemires...

Fergus laissa échapper un sourd gémissement.

— Et bien souvent, poursuivit le témoin, sachant que j'étais un pauvre homme, il m'a proposé plein mon chapeau de couronnes si je voulais donner un coup de couteau au fils du lord.

— Sur mon salut! s'écria Fergus, je n'ai jamais parlé à ce malheureux!

— Silence! dit l'huissier.

— Oh! que si, Vos Honneurs, reprit encore le témoin, qui tâcha d'appeler sur son laid visage une expression de candeur; le brigand m'a parlé, aussi vrai que mon nom est Bob Lantern... et c'est le nom d'un pauvre bon garçon, mes chers lords! Il y a bien longtemps qu'il guettait le moment de faire son coup et plus d'un honnête compagnon a passé pour moins que cela par les mains de Jack Ketch (le bourreau) j'en jure sur la Bible et sur tout, mes lords!

Bob Lantern s'en alla s'asseoir et cligna de l'œil en regardant l'avocat de Godfrey. Celui-ci lui fit un signe de tête protecteur. — Le jury déclara Fergus coupable à l'unanimité, et l'arrêt qui le condamna à la déportation fut regardé comme un acte de clémence; car, manifestement, il méritait d'être pendu.

Fergus sortit de l'audience, en proie à une sorte de torpeur. Il ne mesura point la portée du coup, tant la surprise engourdissait ses facultés. De retour dans sa prison, une fièvre violente s'empara de lui. Il perdit le sentiment de son malheur.

Quand il s'éveilla de ce long sommeil de son intelligence, plusieurs semaines le séparaient déjà du jour de sa condamnation. Il était en rade de Weymouth, sur le *hulk* (ponton) le *Cumberland,* prison flottante destinée aux déportés sur le point d'être embarqués pour 'Australie.

IX

LES PONTONS.

Fergus O'Breane était étendu sur une couchette étroite et inclinée dans une galerie basse d'étage et toute pleine de lits semblables au sien. De distance en distance s'échelonnaient des sentinelles, en costume de matelots, qui portaient le coutelas nu à la main.

Le lit de Fergus était placé près d'un sabord, mais il tournait le dos à la lumière et ne pouvait, en ce premier instant lucide, avoir aucune idée du lieu où il se trouvait.

La première figure qu'il aperçut à son chevet le fit douter de la réalité de tout ce qu'il voyait. Cette figure était celle de l'odieux mendiant dont le faux témoignage avait déterminé sa condamnation. Fergus cacha son visage entre ses mains pour chasser cette apparition de triste augure, et fit appel à ses souvenirs. Mais ses souvenirs se mêlaient confusément, et une brume épaisse emplissait sa mémoire. Il avait la vague conscience d'un malheur et n'eût point su définir l'espèce ou l'étendue de ce malheur.

—Je ne sais... je ne sais! murmura-t-il avec fatigue. Peut-être ai-je perdu la raison...

—Oh! que non pas, mon joli jeune monsieur, répondit la voix de Bob, qui fit tressaillir le malade sous sa grosse couverture de laine grise; — vous avez seulement eu une petite fièvre de rien, avec quelque chose comme un peu de délire pendant un mois à six semaines... voilà tout.

Fergus rouvrit les yeux et ne put retenir un mouvement de dégoût en voyant le crasseux visage de Bob Lantern sourire à quelques pouces du sien.

Bob avait déjà dans ce temps des dispositions à devenir philosophe. Il vit le mouvement, comprit, et ne se fâcha point.

— Je conçois ça, reprit-il, mon joli garçon, je conçois ça. Ma figure vous donne mal aux nerfs à cause de l'histoire de Old-Court...

— Old-Court! répéta machinalement Fergus.

Puis, sa mémoire s'éclairant tout à coup, il poursuivit avec une soudaine violence :

— C'est toi, misérable!... Je me souviens !

Il essaya de se jeter hors de son lit ; mais Bob, qui s'était levé fort tranquillement, le contint sans grand'peine.

— Là, là ! dit-il, mon joli monsieur, je conçois ça... Mais tenez-vous en repos... Voilà quinze jours que je suis votre garde-malade, et Dieu sait si j'observe comme il faut les ordonnances du jeune docteur Moore, l'aide-chirurgien du ponton...

— Nous sommes donc sur un ponton ! s'écria Fargus.

— Sur le plus beau ponton de la rade... le *Cumberland*... qui fut démâté à La Hogue... Ah ! Mr Moore connaît l'histoire du *Cumberland !*... et c'est un jeune gaillard qui ira loin ! je vous disais, mon joli garçon, que pour mes peines et soins j'ai bien mérité le pardon d'une pauvre plaisanterie... Bien, bien, mister O'Breane ! Je sais que vous allez vous récrier... Mais écoutez donc! La vie est si durement chère ! Le fils du lord m'avait fait donner une livre...

— Et c'est pour une livre, malheureux !...

— Je tâchai bien d'avoir davantage, mais Gilbert Paterson est un matois compère... D'ailleurs, je ne mentais pas tout à fait. J'ai bien connu dans Saint-Gilles M. Chrétien O'Breane, le digne homme... et mistress O'Breane, la sainte dame!... et la petite demoiselle... et vous aussi, mon joli garçon... Tout cela m'a souvent fait l'aumône lorsque je jouais l'épileptique sur le pavé de Bainbridge-Street... Ah! ah! je parie que vous vous souvenez de l'épileptique? c'est un fameux métier, voyez-vous, monsieur O'Breane.

Bob interrompit brusquement et reprit d'un air piteux.

— Mais on a durement froid, l'hiver, dans les ruisseaux de Saint-Gilles, après tout, et c'est bien le moins qu'on y gagne son pauvre pain.

Fergus était bien faible. Sa récente colère avait suffi à le briser. Il n'écoutait plus guère, et les paroles de Bob Lantern arrivaient à son oreille comme un murmure indistinct et confus. Celui-ci s'en aperçut et prit son bras qu'il serra pour éveiller son attention.

— Mon joli monsieur, poursuivit-il, écoutez-moi bien. Quand un service ne me coûte rien à rendre, j'oblige volontiers mon prochain... et d'ailleurs avec vous je me suis payé d'avance, comme vous pourrez le voir lorsque vous aurez la force de compter votre bourse... Voici ce dont il s'agit. Vous êtes ici sur le *Cumberland* à deux lieues de la côte, et sous peu de jours vous serez embarqué sur le *bay-ship* (1). — Une fois là, pas moyen d'en sortir... mais, tant que nous restons en rade, il y a de la ressource... M'écoutez-vous ?

Fergus fit un signe de tête affirmatif.

On entendit au même instant un bruit de pas et de voix à travers le plancher supérieur.

---

(1) Navire qui transporte les condamnés à la Nouvelle-Galles du Sud.

— Les voilà qui reviennent! continua Bob. Ma faction est finie et je n'ai que le temps de vous faire la leçon... Vos camarades de chambre ont envie de revoir le pays et craignent le mal de mer... Ils font un trou là, derrière votre couchette... Vous les gênerez si vous n'êtes pas avec eux, et quand on les gêne...

Bob termina sa phrase au moyen d'une pantomime éminemment expressive.

— Pour éviter tout désagrément de ce genre, reprit-il, le meilleur moyen est de passer pour un initié... ce n'est pas difficile... nous ne nous connaissons pas les uns les autres... Dès qu'on verra que votre tête est revenue, on vous dira... souvenez-vous bien de ceci...

Gentleman of the Night!... histoire de savoir si vous êtes des bons... Répondez sans hésiter : *Son of the Family*, et dormez sur les deux oreilles.

Une échelle qui communiquait de l'entre-pont au pont se prit en ce moment à osciller sous le poids de nombreux condamnés qui commencèrent à descendre par l'écoutille.

Les gardes, qui, en l'absence des condamnés, s'étaient réunis et causaient, reprirent précipitamment leurs postes. Celui qui se plaça le plus près du lit de Fergus était un énorme garçon, énorme en longueur du moins, dont les bras et les jambes sortaient, osseux et maigres, de ses vêtemens notablement trop courts. Ce grand garçon avait une fort honnête figure et portait sur tous ses traits l'apparence d'un complet repos d'esprit.

La nuit tombait. Les condamnés, après une prière en commun, lue par une manière de ministre qui éteignit sa pipe pour la circonstance, plièrent soigneusement leurs vestes et se mirent au lit. Quelques minutes après, le capitaine suivi d'un officier et d'un chirurgien, vint faire sa ronde.

Le chirurgien était M. Moore, jeune *physician* de grande espérance. Tel nous l'avons vu après vingt ans écoulés, tel il était alors. Seulement son front se couvrait d'un abondante chevelure, ce qui donnait de l'ampleur à la partie supérieure de sa tête et lui ôtait pour un peu cette face « en poire » étroite en haut, large aux mâchoires, qui dépara plus tard si énergiquement la régularité intelligente de ses traits.

La ronde s'arrêta devant la couchette de Fergus et M. Moore lui tâta le pouls.

— N'a-t-il point parlé? demanda-t-il à Bob.

— S'il n'a point parlé, Votre Honneur? répondit celui-ci d'un air innocent; — il a parlé de toutes sortes de choses, oh! oui... de jolies filles et de bonnes pommes de terre avec de l'ale...

— Le délire... murmura le capitaine.

Moore fit signe au grand garçon vêtu d'habits trop courts de s'approcher; celui-ci prit incontinent une pose militaire, et s'avança en tirant son jarret étique et en mesurant mathématiquement son pas.

— Avez-vous entendu parler cet homme? lui demanda Moore.

— Cet homme, tonnerre du ciel! répondit le bon Paddy O'Chrane qui était alors dans toute la fleur de sa jeunesse; — je n'écoute pas, ou que la foudre me brûle! ce que peuvent dire ces brigands, les pauvres diables.

— Cet homme a dû parler raisonnablement, reprit Moore. La crise de ce matin l'a sauvé.

— Tant mieux! dit le capitaine. Cela fera un de plus.

Il faut savoir que la loi anglaise, qui laisse mourir de faim les ouvriers honnêtes, a des entrailles de mère pour les criminels. Un chirurgien serait bien mal venu à réclamer une prime quelconque pour avoir sauvé un tisserand de soie de Spitael-Fields ou un lighterman des docks de Londres; mais s'il s'agit d'un voleur émérite, condamné à la déportation, la chose devient bien différente. Il y a prime pour le docteur et prime pour le commandant du ponton.

Ceci nous explique la joyeuse exclamation du capitaine.

L'officier qui accompagnait le commandant avait jusque alors éprouvé, à l'aide d'un maillet, les parois du ponton entre chaque couchette.

On aurait pu remarquer que M. Moore se plaça dès l'abord à la tête du lit de Fergus et y demeura tout le temps de la visite, masquant ainsi la portion de paroi située entre le lit du malade et celui de son voisin de droite.

La ronde s'éloigna et l'officier ne toucha point le bois du ponton à cet endroit, soit par courtoisie pour le docteur, soit parce que l'état de Fergus ne permettait guère de penser à une tentative d'évasion de sa part.

On entendit le maillet retentir périodiquement, puis la ronde remonta sur le pont.

Bob avait gagné sa propre couchette, après avoir reçu les cordiales malédictions du matelot Paddy. Un infirmier vint apporter à

Fergus un breuvage ordonné par M. Moore. Quand il fut parti, le silence s'établit dans l'entrepont.

Cela dura une demi-heure environ. — Le vaste dortoir était éclairé par quelques lampes suspendues à l'étage supérieur et dont la lueur insuffisante laissait tous les objets dans un tremblant demi-jour.

Les gardes, au nombre de quatre, se promenaient lentement dans la circonscription livrée à leur surveillance.

Fergus ne dormait pas; mais la potion qu'il venait de boire engourdissait jusqu'à un certain point son esprit et son corps. Il reposait, tout en conservant la conscience de ce qui se passait autour de lui. — Au bout d'une vingtaine de minutes, il entendit un imperceptible bruissement de fers sous les couvertures du lit de son voisin de droite, lequel était un homme vigoureux et de mine résolue, comme Fergus avait pu le remarquer lors de l'arrivée des condamnés dans l'entrepont. Ce bruit n'avait rien d'extraordinaire en un lieu où plus de cinquante captifs dormaient avec leurs fers aux pieds et aux mains; cependant il frappa une autre oreille que celle de Fergus, car le long matelot Paddy s'écria avec humeur :

— Jack, fils de Satan, triste rebut de Newgate ; mon ami, que je sois damné si vous n'êtes pas le plus bruyant coquin que je connaisse... Et je connais bien des coquins, Jack, Dieu me punisse!... Ecoutez-moi, drôle abject, éternelle damnation! — que diable! — Si vous ne finissez pas, il y aura pour vous vingt-cinq coups d'étrivières... ni plus ni moins, Jack, ou que je sois pendu comme vous le serez quelque jour, mon camarade!

Paddy O'Chrane avait prononcé ces paroles à voix haute. Pendant qu'il parlait, le bruit de fers augmentait loin de se ralentir. C'était au point qu'on aurait pu croire que la harangue du maigre gardien n'avait d'autre objet que de couvrir ce même bruit.

Il appuya ses derniers mots d'un geste qui pouvait bien être une menace, mais qui eut pour résultat de faire tomber sur le lit de

Jack un objet qui scintilla aux lueurs intermittentes des lampes. Jack saisit prestement cet objet et se laissa glisser sur le plancher. — Ses fers restèrent sous sa couverture.

Il s'avança en rampant jusqu'à la couchette de Fergus. Paddy avait repris sa paisible promenade.

Fergus ne bougeait pas. Pendant une heure environ, à dater de ce moment, il entendit derrière lui, à quelques pouces seulement de son oreille, le grincement sourd d'une scie maniée avec d'infinies précautions. Au bout de ce temps, le sifflet du contre-maître retentit sur le pont supérieur. Jack regagna vivement son lit et se coula sous ses draps. L'objet brillant qui avait frappé déjà les regards de Fergus scintilla de nouveau sur la laine grise de la couverture. Le mince et long bras du gardien se tendit et l'objet disparut.

Au même instant, quatre matelots descendirent par l'écoutille. Ils venaient relever les sentinelles.

— Tom, mon camarade, tempêtes! dit Paddy O'Chrane à son successeur, — je vous recommande ce dangereux coquin, cornes du diable! de Jack Oliver, nous serons damnés, Tom!... S'il bouge, souvenez-vous que je lui ai promis vingt-cinq coups d'étrivières... Et là-dessus, bon quart, Tom, que Satan nous brûle!

Le lendemain, les choses se passèrent exactement de même. Le jeune docteur Moore servit encore d'écran à la paroi du ponton située à droite du lit de Fergus, durant la visite du capitaine, et le maillet de l'officier fit partout son devoir, excepté là. Bob Lantern, qui remplissait à bord le rôle d'infirmier, emploi fort convenable à son caractère miséricordieux, fut sans doute retenu auprès d'un malade plus pressé, car il ne parut point au chevet de Fergus.

Quand la nuit fut venue, le matelot de garde placé au poste occupé la veille par Paddy O'Chrane se montra aussi peu clairvoyant que ce dernier, car le voisin de gauche de Fergus put exécuter une manœuvre exactement semblable à celle de Jack Oliver. Il passa en rampant sous la couchette d'O'Breane qui feignait de dormir profondément, et pendant plus d'une heure le grincement sourd de la scie se fit entendre à quelques pouces de son oreille.

Cela dura plusieurs semaines. — Fergus se remettait rapidement. Les soins ne lui manquaient pas. Sa nourriture était bonne et saine; on le laissait prendre l'air sur le pont tant qu'il voulait.

Fergus, ne l'oublions pas, était une tête d'homme dans ce troupeau humain. Il représentait une prime. C'était la prime qu'on soignait, qu'on choyait, qu'on laissait humer le bon air sur le pont.

Bob Lantern ne se montrait plus guère, parce qu'il était retenu dans la seconde batterie, où les malades affluaient. Fergus n'avait garde de regretter son absence, car la vue de ce patelin et incurable pendard agaçait ses nerfs irritables et lui enlevait le repos dont sa convalescence avait un si grand besoin.

Toutes les nuits, à tour de rôle, Jack et le voisin de gauche, qui avait nom Randal Grahame, se relayaient sous les yeux du gardien pour avancer d'autant le percement de la paroi du ponton. Ce Randal Grahame était un personnage assez remarquable et tranchait énergiquement au milieu de cette armée de scélérats stupides ou infâmes, qui encombrait le ponton depuis la cale jusqu'à la batterie haute. C'était un homme de trente ans, portant sur son visage allongé outre mesure cette pâleur particulière aux gens dont les cheveux sont roux. Ses yeux bleus, à fleur de tête, recevaient en plein la lumière et n'avaient pour abri que l'arcade frontale, peu développée et plantée seulement, sur la ligne du sourcil, de poils rares et incolores. Le bas de sa figure, au contraire, malgré le règlement du bord qui veut que chaque prisonnier soit rasé tous les jours, disparaissait presque sous une moisson barbue, sans cesse coupée et sans cesse renaissante, dont les tiges avaient la dureté du chiendent. Ses traits étaient du reste aquilins et purement dessinés. Il y avait de l'intelligence et surtout de la volonté dans la courbe de son front, autour duquel se bouclaient ses cheveux d'un rouge d'acajou, et l'ensemble de sa physionomie ne manquait pas d'une certaine distinction. Randal était un montagnard d'Ecosse. Il avait été condamné à quinze ans de déportation par la cour de Glasgow pour vol à main armée sur un grand chemin.

Fergus avait remarqué ce condamné en une circonstance fort commune sur les pontons, à bord du *bay-ship* et même dans la Nouvelle-Galles du Sud : nous voulons parler de la peine du fouet ou des étrivières, infligée aux pensionnaires de S. M. qui se montrent récalcitrans. Randal s'était rendu coupable de quelque faute contre la discipline, et l'un des midshipmen lui avait signé un bon au porteur de cinquante coups de lanière.

D'ordinaire, lorsque cette punition est infligée, le patient remplit l'air de ses cris et se débat sous le fouet en des convulsions désespérées. Randal, lui, se coucha sur le ventre, comme c'est la coutume, et tendit ses reins nus à l'exécuteur.

L'exécuteur était un lascar à mine sauvage dont le bras musculeux semblait une étude de bronze.

Il frappa. Chaque coup laissait une trace bleuâtre sur la peau de Randal, qui ne bougeait pas. Le sang coula bientôt. Au cinquantième coup, que le lascar sangla en poussant un soupir de fatigue, les reins de Randal ne présentaient plus qu'une large plaie.

Il se releva, prit la lanière dans les mains du lascar et l'examina durant quelques secondes attentivement. Son visage gardait un calme extraordinaire et n'avait point perdu cette pâleur transparente et sous laquelle se montre un fugitif reflet, couleur de brique, teint d'une extrême délicatesse, que rougit la moindre émotion, et dont Van Dyck a laissé une immortelle et frappante reproduction dans son portrait peint par lui-même.

A cette occasion, le long matelot Paddy O'Chrane prit le diable à témoin, — le diable et ses cornes, — qu'il disait la vérité en mettant Randal Grahame à la première place parmi les scélérats les plus endurcis.

— Et il avait connu, ajoutait-il, — misères! — des scélérats bien endurcis.

Quoi qu'il en soit, Randal remit tranquillement la lanière sanglante au lascar, demanda de l'eau et se lava lui-même.

Depuis ce jour, Fergus avait pris une sorte de sympathie pour cet homme dont l'énergie avait soutenu si victorieusement une épreuve où les plus courageux faiblissent. Néanmoins, cette sympathie était tacite aussi bien qu'irraisonnée. Fergus et Randal ne s'étaient jamais parlé.

Un soir, c'était Paddy O'Chrane qui était de faction et c'était au tour de Jack Oliver de travailler. Jack se mit en besogne comme d'habitude dès que le long matelot lui eut jeté l'instrument d'acier que Fergus avait vu scintiller sur les couvertures la première nuit de sa convalescence. Mais Jack ne travailla pas long-temps ce soir-là. Au bout d'une demi-heure à peine, le bruit sourd de la scie cessa tout à coup.

— Paddy ! Randal ! Roberts ! cria Jack dans un moment de joie folle, le trou est fait.

— C'est bon ! répondit Randal avec indifférence ; — laisse-moi dormir.

— Jack, misérable coquin ! s'écria Paddy

O'Chrane qui déchargea un énorme coup du plat de son coutelas sur la couchette vide d'Oliver; ne peux-tu dormir comme un chrétien, que Dieu me damne! sans rêver tout haut et bavarder, — je me donne au diable! — comme un demi-cent de commères?

— Il a parlé d'un trou... dit l'un des gardiens d'un air soupçonneux.

Paddy déchargea un second coup sur le lit où Jack aurait dû être.

— Satan nous brûle! Peter Bridgewell, il a parlé de trou, triste sot, mon ami, je pense que vous pouvez avoir raison.

— Peut-être ont-ils percé... voulut interrompre le gardien.

— Peut-être, comme vous dites, Bridgewell, je souhaite que le démon nous étrangle!... Mais si vous faisiez attention à vous, Peter, tonnerre du ciel! vous verriez que Tom Bence vous a volé votre mouchoir dans votre poche, pendant que vous me regardiez avec des yeux d'oison étonné, — que je sois pendu et vous aussi !

Jack profita du mouvement que fit Bridgewell en cherchant son mouchoir, pour se couler prestement sous ses couvertures.

Le lendemain, à l'heure de la promenade sur le pont, l'œil le plus exercé n'eût pu saisir aucun signe d'agitation parmi les condamnés. Cependant l'évasion était résolue et fixée à la nuit suivante. Bob Lantern, qui ne s'était point montré de la semaine, reparut tout à coup ce jour-là.

— Oh! mon joli monsieur, dit-il à Fergus, que vous voilà redevenu vaillant! M. Moore est un habile homme.

Il fit mine de s'éloigner, mais, saisissant un moment où personne ne l'observait, il s'approcha de Fergus et lui glissa rapidement ces paroles :

— C'est pour cette nuit... Si on ne vous tue pas, vous vous sauverez, et on ne vous tuera pas si vous donnez le mot d'ordre.

Se sauver ! revoir l'Angleterre, Mary ! se trouver à la fois en face de ses amours et de l'adversaire que cherchait son implacable haine !... Fergus voulut interroger Bob, mais Bob était une anguille qu'on ne saisissait point aisément. Fergus l'aperçut deux ou trois fois sur le pont, souriant aux uns, tournant autour de la poche des autres, et ne put jamais réussir à le joindre.

Il alla s'asseoir contre les bastingages et tourna son regard vers la côte, dont les profils bleuâtres se détachaient sur le gris mat du ciel britannique. — Depuis quinze jours, toutes ses idées étaient revenues, idées de tendresse et de vengeance. Ces deux préoccupations se combattaient en lui et lassaient son esprit faible encore. Il aimait Mary, autant qu'un homme ardent et jeune et vierge de tout attachement peut aimer une femme. L'inconstance de son caractère ne pouvait influencer l'entraînement de cette première passion, puisqu'il ignorait lui-même encore cette inconstance. Il se croyait lié pour la vie et mettait tous ses espoirs de bonheur en Mary. L'idée qu'on pût devenir froid et oublier après avoir aimé si chaudement lui eût semblé alors mensonge ou folie.

Mais sa haine était bien forte aussi ; sa haine demeurait entière, inébranlable, parmi les suaves rêveries de son amour. Ses récens malheurs et l'injustice de cette société brutalement inique, dont l'arrêt le rejetait, meurtri, malgré son innocence, dans les rangs des plus éhontés scélérats, ajoutait des motifs personnels à sa passion de vengeance, et, plus que jamais, du fond de son cœur, s'élevait, menaçant, le cri de Chrétien O'Breane à l'agonie : — Guerre à l'Angleterre !

Toutes ces pensées roulaient confusément dans son cerveau, tandis qu'il regardait la côte. Il ne s'apercevait pas qu'un groupe de déportés s'était insensiblement formé autour de lui et le séparait complétement des sentinelles échelonnées sur le pont.

Ceux qui le serraient de plus près étaient Randal Grahame et Jack Oliver; celui-ci cachait sous sa chemise un couteau de table aiguisé.

— Voilà un beau garçon qui n'est pas bavard, dit de loin Tom Bence; — Jack, mon ami, tâche donc de voir un peu de quelle couleur sont ses paroles.

Fergus leva les yeux et tressaillit en se voyant ainsi cerné. Son premier mouvement fut de chercher une issue, mais Randal lui tenait déjà les deux bras par derrière. — Il se souvint alors de la dernière recommandation de Bob et eut comme une vague idée de ces paroles prononcées à son chevet par le mendiant le jour où il s'était éveillé de son délire, mais ces paroles lui échappaient d'autant mieux qu'il tâchait davantage à les ressaisir.

Jack Oliver se planta devant lui.

— Si tu bouges, tu es mort, dit-il, en posant la pointe de son couteau sur le cœur de Fergus ; — si tu cries, je te tue !... Voyons si tu sais parler en bon anglais, *gentleman of the Night?*

Fergus hésita, bien que cette demande rafraîchît ses souvenirs et lui mît sa réponse, comme on dit vulgairement, sur le bout de la langue.

— Allons, Jack ! dit Tom Bence.

Oliver fronça le sourcil, mais, à ce moment même, Fergus se sentit serrer le bras par derrière, et la voix de Randal murmura quelques mots à son oreille.

— *And son of the Family !* répondit-il aussitôt.

Oliver remit prestement son couteau sous sa chemise.

— Tiens ! tiens ! dit Tom Bence ; — tout est pour le mieux, car on aurait eu de la peine à le faire disparaître comme il faut... Mais du diable si je n'ai pas cru...

— Il y a tout de même des choses durement étonnantes ! fit observer Bob en exécutant une heureuse tentative de soustraction dans la poche de Tom Bence, d'où il retira le mouchoir de Peter Bridgewell.

— Séparez-vous, Dieu nous punisse, rebuts de Newgate ! cria de loin le matelot O'Chrane ; — je veux être pendu, comme vous le serez tous jusqu'au dernier quelque jour, si les étrivières ne jouent pas avant ce soir !

Les déportés se dispersèrent. Randal seul demeura appuyé contre le plat-bord, auprès de Fergus. Celui-ci voulut le remercier ; car c'était Randal qui lui avait soufflé la réponse au mot d'ordre.

Mais à peine O'Breane eut-il ouvert la bouche, que l'Ecossais lui jeta un regard d'indifférence glacée et tourna le dos pour s'éloigner lentement.

La nuit venue, la ronde eut lieu comme à l'ordinaire, et Fergus remarqua que les gardiens étaient cette fois tous les quatre de ceux qui se relayaient d'habitude devant sa couchette et jetaient la scie soit à Oliver, soit à Grahame.

Dès que la ronde fut partie, il se passa une scène fort extraordinaire. Quatre déportés quittèrent leurs lits et s'approchèrent des gardiens qui tirèrent eux-mêmes de leurs poches de fortes cordes à l'aide desquelles ils se laissèrent lier solidement.

— Tonnerre du ciel! murmurait, pendant qu'on le garrotait, le maigre et digne matelot Paddy, — je veux être pendu, et, Satan me brûle! j'en prends le chemin, tempête! — si la *Famille* ne nous doit pas de bonnes rentes pour un si beau coup!... Serre plus fort,

Jack, fangeux coquin, mon brave compagnon!... Et maintenant, détalez, vile sequelle! Il y a un canot qui vous attend à la bouée... Bon voyage, Dieu nous damne tous!... et que le diable vous emporte!

Les quatre gardiens se roulèrent en tous sens sur le plancher, sans doute pour mettre de la poussière à leur uniforme et faire croire à une lutte désespérée, puis l'évasion commença.

On retira la partie sciée de la paroi du ponton avec des précautions infinies. Trente condamnés étaient déjà à la mer qu'aucun bruit révélateur ne s'était fait encore. Il ne restait plus dans l'entrepont qu'une dizaine d'hommes, malades ou ne sachant point nager, Randal et Fergus.

— Allons! mille misères! dit O'Chrane, dépêchez-vous! les cordes m'entrent dans la chair!

Fergus mit sa tête dans l'ouverture. — Randal l'arrêta par derrière.

— Où allez-vous ? demanda-t-il.

Fergus, étonné de cette question, demeura sans réponse.

— Vous allez chercher, reprit lentement Randal, ce que vous aimez et que vous haïssez... Je sais votre histoire, votre amour qui est celui de tout le monde, vos espoirs de haine, qui sont ceux d'un grand homme ou d'un fou.

— Et comment le savez-vous ? dit Fergus qui ne connaissait nul confident de sa pensée.

— Vous aviez déja le délire à Newgate, répondit Randal et j'étais votre compagnon de cachot... Ecoutez-moi... Mary Mac-Farlane, votre maîtresse, est la femme de l'Honorable Godfrey de Lancester...

Fergus s'appuya, tremblant, à sa couchette.

— Dites-vous vrai ? murmura-t-il.

— Je dis vrai... Je suis du pays de Mac-Farlane et je connais le noble Angus tout aussi bien que vous... Voilà pour votre amour. — Quant à votre haine, il faut des monceaux d'or pour combattre l'Angleterre, et à Londres, où vous devrez vous cacher, c'est la misère qui vous attend !

— Dépêchez-vous, coquins stupides ! cria Paddy.

Fergus fit encore un mouvement pour s'élancer à la mer. Randal l'arrêta une seconde fois.

— N'allez-vous donc point vous sauver vous-même ? demanda Fergus.

— Non. Il me faut de l'or, à moi aussi..

J'ai ma haine qui ressemble à la vôtre comme la raison peut ressembler à la démence... Je hais Londres. Autrefois, nous autres highlanders, nous étions des hommes vaillans, aux proportions héroïques et terribles... Londres a fait de nous des animaux curieux dont les enfans regardent les jambes nues et le plaid bariolé... Je veux être l'homme le plus riche de Londres... C'est là une vengeance.

— Et où pensez-vous trouver cette opulence ?

— Là où fourmillent les hommes résolus, désespérés, avides...

Fergus baissa la tête et devint pensif.

—Par le trou de l'enfer ! s'écria O'Chrane ; — voilà bien les deux plus imbéciles scélérats que je connaisse... A l'eau ! tonnerre du ciel ! à l'eau, Satan et ses cornes ! à l'eau !

Fergus se tourna vers Randal et le regarda fixement.

— Y a-t-il beaucoup de ces hommes dont vous parlez à Botany-Bay ? demanda-t-il.

—Beaucoup... des hommes intrépides, patiens, intelligens, indomptables... Des hommes qui peuvent assassiner, mais ne savent point trahir un serment... Des hommes qui, disciplinés et conduits par une haute pensée, renverseraient un empire...

Fergus jeta un dernier regard vers la côte d'Angleterre où quelques lumières brillaient dans le lointain, et ferma l'ouverture qui avait donné passage à ses compagnons.

Randal et lui s'étendirent sur leurs couchettes.

X.

BOTANY-BAY.

Le bay-ship le *Van-Diemen*, portant à son bord cargaison complète de déportés à destination du port de Sidney, parmi lesquels se trouvaient Fergus O'Breane et Randal Grahame, manœuvrait à la hauteur des îles du cap Vert.

Le capitaine du ponton le *Cumberland*, de Weymouth, n'avait point eu beaucoup de primes à toucher pour les déportés confiés à ses soins. En revanche, Paddy O'Chrane et ses trois compagnons avaient encaissé force coups de lanières, suivant la méthode appliquée encore aujourd'hui envers les libres sujets de Sa Majesté. La punition s'était bornée là, parce que Paddy, faisant usage de son éloquence ordinaire, avait prouvé clair comme le jour que son énergie seule avait empêché Fergus, Randal et ceux qui ne savaient point nager, de se jeter à l'eau.

Quant au jeune docteur Moore, la *Famille*

avait compensé pour lui et au delà, les libéralités philanthropiques du gouvernement.

C'est un véritable paradis flottant qu'un bay-ship bon voilier, portant nombreuse compagnie. Ici le capitaine et le chirurgien ont une prime pour chaque condamné rendu, sans avaries, aux établissemens de l'Australie. En conséquence, ces deux fonctionnaires rivalisent de soins et de tendresses envers les criminels confiés à leur sollicitude. Vous diriez deux excellens pères veillant jour et nuit au bien-être d'une nombreuse famille.

Un de nos recueils périodiques qui compte des hommes éminens dans toutes les spécialités parmi ses rédacteurs, le *London Magazine* donnait, il y a quelques années, des détails d'un intérêt réel sur ces traversées de condamnés. Rien ne leur manque en vérité, ou plutôt ils ont tout à profusion. L'état, qui leur fait ces loisirs, n'y va pas de main morte. Ce que chacun d'eux dévore en un seul repas suffirait à deux ouvriers robustes et pourvus d'un appétit normal. « Le dimanche, dit la revue précitée, on leur sert à dîner une livre de roastbeef et une livre de plumpudding; le lundi, égale quantité de porc au milieu d'une purée de pois... Le vendredi, du bœuf, du riz et du plumpudding... A la nuit tombante, on verse à chacun d'eux *une demi-pinte de vin de Porto...* »

Que d'honnêtes gens, bon Dieu! voudraient avoir un pareil ordinaire!

Le vin de Porto surtout ne mêle-t-il pas une douce dose d'agréable à l'utile, représenté par le bœuf rôti et la purée de pois ?

Certes, les citoyens d'un pays assez opulent pour convier ses malfaiteurs à de tels festins doivent mener une royale vie, car comment penser que le gouvernement songe à gorger des criminels avant de venir en aide à l'innocence indigente ?

Evidemment ce serait là un éloquent appel au crime...

Et les choses vont ainsi pourtant, absolument ainsi. C'est le même pays qui entasse les provisions de toute sorte dans la cale des bay-ships et qui laisse périr cinquante mille malheureux dans les caves de Saint-Gilles. Les hommes qui se régalent de plumpudding sur la route de Botany-Bay et ceux qui meurent de faim faute de trouver dans les ordures de Londres assez de pelures de pommes de terre sont Anglais les uns et les autres. Seulement les premiers ont l'estimable avantage d'avoir commis un crime.

Il y a une chose surprenante, invraisemblable, miraculeuse, c'est qu'il se puisse trouver encore en Angleterre un homme pauvre et honnête à la fois.

Car il s'en trouve encore çà et là. — Mais la logique finit toujours par vaincre tôt ou tard. Cette exception anormale prendra fin, et il nous faudra, un jour venant, percer des meurtrières à nos maisons pour nous défendre contre les candidats à la déportation.

Fergus O'Breane reprenait rapidement ses forces. Une fois la maladie domptée, sa jeune et riche nature réagit et sembla vouloir effacer la trace de ce temps d'arrêt en se développant plus vite et mieux. Fergus sentait chaque jour en lui-même une vigueur nouvelle; il sentait en même temps son intelligence grandir et sa volonté se rasseoir.

Comme en pleine mer les actions des condamnés sont contrôlées seulement eu égard à la sûreté du navire, il en résulte une liberté presque complète. Fergus et Randal purent donc aisément se rapprocher et nouer entre eux des rapports de tous les jours. Il y avait certes une large distance de Fergus à Randal, qui était en définitive un voleur de grand chemin. Mais Fergus avait découvert sous son esprit inculte et comme dépourvu de la science du bien et du mal, une sorte de hauteur native mêlée à un jugement droit et profondément perspicace. L'Ecossais avait en outre une hardiesse de pensée, qui, jointe à la fermeté spartiate que nous lui connaissons, pouvait, en quelque position qu'il se trouvât placé, le sortir des rangs vulgaires et porter sa tête au dessus de la foule.

Randal, comme on dit vulgairement, n'avait point jusque alors trouvé son maître. Tout obstacle avait plié sous la sauvage énergie de sa volonté. Lorsqu'il se rapprocha de Fergus, ce fut par un vague sentiment de pitié. Fergus était beau, et l'on sait quel prestige a la beauté pour les enfans de la nature. De plus, dans les cachots de Newgate, Randal avait reçu les involontaires confidences de sa fièvre, confidences sans portée précise, puisque le plan de Fergus n'était ni arrêté ni conçu, mais par cela même confidences plus étranges et faites davantage pour frapper l'esprit amant du merveilleux d'un montagnard d'Ecosse. Lui aussi, d'ailleurs, avait son idée fixe, qui, sauf l'étendue, ressemblait pour un peu à la pensée de Fergus.

Comme nous l'avons vu, dans leur premier entretien, Randal tint le haut bout. Il était l'homme qui conseillait et venait de rendre un service.

Quiconque lui eût demandé, après un mois écoulé depuis lors, pourquoi les rôles avaient changé, pourquoi Fergus avait pris sur lui un entier empire, pourquoi, lui, plus âgé, plus expérient, plus fort, soumettait son esprit à celui de son jeune compagnon, l'aurait à coup sûr trouvé sans réponse. Peut-être ne s'en apercevait-il point. Toujours est-il que le fait n'était pas contestable. Non seulement la supériorité n'était plus de son côté, mais l'égalité se rompait chaque jour davantage et, au bout d'un mois, si Randal eût interrogé sa conscience, il y aurait découvert les sentimens d'un serviteur subjugué, dévoué jusqu'à être enchaîné moralement à la destinée d'un ami de quelques jours, qui, par une série de transitions imperceptibles, mais rapides dans leurs successions incessantes, était devenu son maître.

Randal, après Mary Mac-Farlane, fut le premier qui subit ce charme occulte et irrésistible. Les autres suivirent. Quiconque approcha Fergus O'Breane et n'eut point pour le haïr de ces motifs auxquels avant tout, les hommes obéissent : l'amour, l'ambition, la vengeance, fut attiré, séduit, subjugué. — Quiconque le prit en haine fut vaincu et brisé. Hommes et femmes s'élancèrent vers lui d'une ardeur égale. Il fut Dieu pour les unes, roi pour les autres, et de même que l'amour qu'on ressentait pour lui arrivait au délire, de même l'amitié qu'il inspirait s'alliait inévitablement au respect.

Il est un travers commun à tous les vastes esprits contre lequel Fergus eût échoué peut-être dès l'abord. Ceux qui rêvent de grandes choses ne peuvent s'aviser que de grands moyens; or, les grands moyens sont souvent hors de portée tout autant que le but. Randal se trouva sur le chemin de Fergus pour lui sauver cet écueil. Il mit son sens pratique parmi les fulminantes théories de ce terrible poète qui rêvait la chute d'un empire comme on rêve un drame ou une tragédie, sans penser qu'ici-bas il faut à toute œuvre un point de départ, et que le symbolique fils de Dédale,

Icare, n'eût pas même pu essayer ses ailes de cire s'il ne fût monté au sommet d'une haute tour.

Randal Grahame servit en quelque sorte de repoussoir au pénétrant mais trop audacieux génie de Fergus. Il lui montra les problèmes, ce qui fut une occasion de les résoudre.

Et, dès ce temps, comme toujours depuis, Fergus se servit de l'instrument que la destinée mettait entre ses mains. Il l'aima. Mais il ne l'éleva point à la dignité de confident. Chaque problème résolu resta en lui. Randal, ignorant et devant ignorer toujours le plan de la grande bataille, ne connut que les détails suggérés par lui-même, quelques projets d'escarmouche où il devait faire le coup de fusil en tirailleur.

La traversée fut longue. Durant les heures de promenade sur le pont, Fergus fut initié à la constitution de la *Grande Famille* londonnienne, qui, à part ses cent mille adhérens, se rattache de manière ou d'autre par des liens étroits ou larges tous les *outlaws* des Trois-Royaumes.

Randal et lui parlèrent aussi de Mary bien souvent, de Mary et d'Angus pour lequel O'Breane se sentait un attachement de frère. Mary avait été enlevée à la ferme de Leed, en Ecosse, par l'Honorable Godfrey de Lancester qui l'avait épousée à Gretna-Green.

La perte de Mary était pour Fergus une cruelle souffrance, mais les labeurs de son intelligence lui sauvaient le désespoir. — Quant à l'héritier de White-Manor, Fergus, à proprement parler, n'éprouvait point pour lui de haine, pas plus qu'il n'éprouvait de haine pour le séducteur de Betsy.

On eût dit que sa faculté de haïr était complétement absorbée ailleurs et ne pouvait plus être affectée par ces aversions particulières d'homme à homme qui se taisaient devant le cri implacable et puissant poussé contre l'Angleterre elle-même.

Après une traversée de cinq mois, durant laquelle on n'avait relâché qu'une seule fois sur la côte du Brésil, le bay-ship arriva en vue de Sidney. Dès ce moment, Fergus et Randal avaient arrêté un projet d'évasion, dont l'exécution, indéfiniment remise, devait avoir d'importans résultats.

Le canon de Sidney avait annoncé l'entrée en rade du *Van-Diémen,* et le pavillon d'arrivée était hissé à la pointe de South-Head. La péniche du pilote royal accosta bientôt après le navire et le conduisit jusqu'au milieu du port. Là, plusieurs formalités s'accomplirent, à la suite desquelles le maître du port prit dans son canot le capitaine et le chirurgien pour les conduire à la maison du gouvernement.

Le capitaine était à peine parti que cent barques quittèrent le bord à force de rames et entourèrent le *Van-Diémen* en un clin d'œil.

Sur ces barques, joyeusement pavoisées, on riait, on chantait, on criait. C'était une immense clameur de bien-venue.

On voyait sur ces barques des hommes, des femmes, des enfans. Tout cela était gras et frais, tout cela regorgeait de santé. Un sourire béat embellissait uniformément toutes les physionomies. Cette population respirait la plénitude du bien-être matériel.

Aux temps du paganisme, il y avait comme cela, disent les poètes, un petit coin du globe où le malheur était inconnu. Ce lieu fortuné avait nom l'Arcadie. Il était habité par des bergers candides et des bergères roses, innocens, les uns et les autres, autant et plus que leurs brebis. L'enfance y était sainte, l'âge viril paresseux, mais irréprochable; la vieillesse, ornée de barbes blanches, s'y couronnait philosophiquement de pampres et buvait du verjus dans des coupes de pierre, comme il convient à des pasteurs de grand âge, élevés dans la crainte de Bacchus. Tout avait, en un mot, dans cette molle et douce Arcadie des temps mythologiques, un enfantin parfum d'innocence et de naïveté. Volontiers croirions-nous que les loups n'y avaient point de dents.

Cette Arcadie mourut un beau jour, empoisonnée par sa propre fadeur. Flûtes à trois trous, pipeaux enrubannés, bergères joufflues, houlettes fleuries, tout cela descendit à la fois dans la tombe.

Nous autres qui sommes des chrétiens, mieux que cela, des chrétiens réformés, nous avons ressuscité l'Arcadie. Seulement, comme les mœurs ont changé, nos bergers mangent d'énormes tranches de bœuf, au lieu de sucer le sucre liquide du lotus ; au lieu de boire du lait, il s'enivrent de rack.

Notre Arcadie, nous en faisons serment, ne se mourra jamais de fadeur. Bergers et bergères y possèdent un parfum très suffisamment relevé. Ce n'est plus l'innocence, candide jusqu'à la niaiserie, c'est le crime obèse, prospère, qui se repose et s'engourdit dans l'abondance ; c'est Newgate, transformé tout à coup en paradis terrestre.

Le but est atteint, nous le pensons. Les

mauvais instincts se taisent dans cette absence complète de besoins. Celui qui volait pour manger, qui assassinait pour vivre, ne vole plus et n'assassine plus.

Mais n'est-ce pas chose étrange et honteuse? Si la société, qui est forte, doit user parfois de clémence envers le crime, est-ce à dire qu'il faille descendre jusqu'à la faiblesse? N'a-t-elle pas l'air, en agissant ainsi, de capituler avec qui l'attaque, elle dont l'oreille se ferme toujours au malheureux dont la seule arme est la prière? Quoi! vous que la misère entoure et presse de toutes parts, vous dont les palais s'élèvent littéralement du sein de la fange, vous possédez au loin un lieu de refuge aussi vaste qu'opulent, un Chanaan dont la surface envelopperait dix fois l'Angleterre, un paradis où toute cette tourbe agonisante dont le râle inquiète votre sommeil retrouverait aisément la force et la vie, et vous ne signez pas un seul passeport pour cette terre promise sans qu'on vous y force le pistolet sous la gorge! Vous repoussez ceux qui implorent, vous cédez à ceux qui menacent! Sous prétexte de punir, vous récompensez; et pour mériter vos bienfaits, il faut obtenir de vos cours de justice un certificat de massacre et de pillage! Ah! c'est de l'égoïsme sans doute, mais de l'égoïsme stupide encore plus qu'infâme, de l'égoïsme qui passe par la lâcheté pour atteindre la démence!

Qu'arrive-t-il? — Nous ne parlons plus de

la misère affreuse qui vous assiége et que vous traitez à la manière des sauvages de la Louisiane, qui guérissent leurs malades à coups de tomahawk, de cette misère envahissante qui monte, qui monte sans cesse et vous étouffera quelque jour; nous parlons seulement des loisirs abondans et faciles prodigués à nos criminels. — Qu'arrive-t-il? Les condamnés sont de deux sortes : les uns font le mal par nécessité, les autres par goût. Le crime a ses pontifes, et la vocation, cette bizarre conseillère, entraîne là comme ailleurs. Sur les premiers, votre action est entière. Vous les gorgez; ils vous oublient : tant qu'ils trouveront leur portion assez forte, avec eux, vous aurez la paix. Leur but est atteint. Ils vous demandent la bourse ou la vie, vous leur donnez la bourse, ils vous laisseront la vie.

Mais les autres, les fanatiques du mal, ces cœurs artistement pervers qui se plaisent uniquement en des trames diaboliques et nuisent pour nuire, comme un avare amasse pour amasser, pensez-vous les réduire? Ne savez-vous pas que, déportés une fois, ils reviennent. Par où? qu'importe? ils reviennent, voila le fait. Ils tombent des nuages, ils sortent de terre. Ils reviennent, en un mot, plus forts, plus hardis, plus prudens, plus savans dans le crime. Botany-Bay est une université comme Oxford, et Dieu sait que les bacheliers de l'une sont plus retors que les docteurs de l'autre. Ils reviennent, et, vous ne l'ignorez pas, la déportation en a fait des démons véritables que nulle barrière n'arrête, que nulle force ne peut saisir, et qui vont augmenter ce ténébreux sénat des malfaiteurs de Londres qui rendrait, hélas! pour la vigueur d'esprit, la justesse et la pénétration du coup d'œil, cinquante points en cent à votre immobile pairie?

D'où il suit que la paix achetée, la capitulation subie, le *black-mail* payé ne désarment que les moins dangereux parmi vos ennemis.

L'arrivée du bay-ship est toujours un moment de fête pour la colonie. Les anciens complices se reconnaissent et se saluent. On se rappelle mutuellement ses hauts faits, on parle du bon temps.

Mais il y avait une autre raison, une raison

spéciale pour que le *Van-Diémen* fût accueilli à merveille. Ce navire, en effet, portait, outre les condamnés, une cargaison entière de femmes que les premières maisons de Sidney et de Paramatta avaient commandées à leurs correspondans de Londres (1). Chacun était pressé de voir ces nouvelles venues, et les matelots avaient grand'peine à empêcher les curieux de faire irruption sur le pont.

Le débarquement s'opéra quelques jours après seulement, parce que la coutume est que le surintendant des travaux publics vienne

---

(1) Ces commandes se font selon la formule commerciale — « Sur le vu de la présente, il vous plaira nous expédier cinquante femmes d'âges assortis, en bon état d'esprit et de santé, dont passerez les frais en compte, etc. »

à bord quand les condamnés sont déjà restaurés par des vivres frais et habillés de neuf, pour choisir ceux d'entre eux qui doivent être employés par le gouvernement. Les déportés, aussitôt qu'ils eurent pris terre, se rangèrent en bataille et subirent l'inspection du gouverneur.

Ce gouverneur, gentleman estimable, qui, entrant à pleines voiles dans la pensée de ses maîtres, avait puissamment contribué à faire de Sidney un véritable lieu de plaisance, adressa des félicitations au capitaine, des complimens au docteur et une touchante allocution à ses nouveaux administrés. Cela fait, les industriels australiens s'approchèrent et firent leur choix, s'engageant à répondre pour tout condamné employé à leur service. Ceux des arrivans qui ne trouvèrent point de caution furent conduits en prison.

Les industriels dont nous avons parlé étaient, bien entendu, des libérés admis aux droits civiques de la Nouvelle-Galles du Sud, après expiration de leur peine, ou même avant, par rescrit du gouverneur; — ou bien encore de simples condamnés, *légitimés* par un mariage contracté dans la colonie.

N'est-ce point un diagnostic certain et positif de la renaissance de l'âge d'or que cette extrême faveur accordée à des mariages qui se fabriquent Dieu sait comme et se rompent avec la même facilité? Voici d'un côté un incorrigible coquin, de l'autre une créature ayant bu toutes les hontes. Tous deux sont aux fers. Ils se marient ensemble : ce seul fait les libère. Le coquin devient un honnête gentleman, la créature passe à l'état de lady respectable, et c'est avec considération que les soldats du gouvernement les relèvent, lorsque le rack les couche maritalement dans quelque ruisseau de Sidney.

Fergus et Randal, n'ayant point trouvé de caution à Sidney, furent dirigés tous les deux sur Paramatta.

La vie des condamnés à la Nouvelle-Galles du Sud est heureuse et uniforme. Randal et Fergus, placés chez le même maître, continuèrent à jeter les fondemens de leur œuvre. Au bout de six mois, le plan, suffisamment mûri, dut recevoir un commencement d'exécution : Randal se maria.

Il y avait à Paramatta une fileuse (1) du nom de Maudlin Wolf, dont la vie était tout un roman. On pensait qu'elle était d'origine française, et son acte de condamnation la désignait en effet sous le nom de Madeleine Le Loup, dite la contessa Cantacouzène. A Londres, où elle avait élu sa résidence dès sa première jeunesse, elle avait été long-temps la lionne. Sa beauté n'avait jamais dû être très grande, mais les dandies d'un certain âge gardaient encore un galant souvenir des grâces

---

(1) A Paramatta, les condamnées cardent la laine, la filent, puis la tissent pour confectionner avec l'étoffe qui en résulte les habillemens des condamnés.

infinies de sa personne, et soutenaient que depuis la contessa il n'y avait point eu à Londres d'aventurière parfaite en tous points. Elle était bien faite et de tournure charmante, quoique sa taille fût beaucoup au dessous de la moyenne, et possédait, paraîtrait-il, au degré suprême, la science d'attirer à soi les cœurs les plus froids et de délier les cordons des bourses les plus solidement nouées.

Durant plusieurs saisons, elle éblouit Londres de son faste, et ruina plusieurs banquiers, enragés à jeter l'argent d'autrui par les fenêtres. Puis, au beau milieu de ses triomphes, impliquée dans la fameuse affaire des diamans de la duchesse de Devonshire, elle fut convaincue de recel et jetée sur un ponton.

Ce fut une perte pour la *Famille*, car Maudlin Wolf, ou la contessa Cantacouzène, était bien la plus adroite femme qu'on pût voir, et le résultat des services qu'elle avait rendus en livrant à l'occasion la caisse de ses opulens protecteurs ne se peut point calculer.

On ne se corrige pas facilement d'une paresse contractée parmi les molles douceurs d'un luxe effréné. A la Nouvelle-Galles du Sud, Maudlin expia cruellement sa prospérité passée. Si faible en effet que soit la tâche imposée à tout condamné, cette tâche devenait trop lourde pour les doigts délicats de la comtesse Cantacouzène. Durant les premiers temps de son séjour à Sidney, elle dépensa, pour se soustraire au travail, toutes les finesses de cette diplomatie féminine qui avait assuré son empire à Londres. Elle était jeune et jolie alors, le charme opéra. Quelque gros libéré la couvrit de sa protection intéressée.

Mais il y avait bien long-temps que Maudlin était dans la colonie. Les grâces de sa petite personne, grâces mignardes, gentilles, provoquantes, mais qui avaient besoin pour plaire de s'allier à la jeunesse en toute sa fleur, diminuèrent insensiblement, puis disparurent. Maudlin comtesse eût encore dominé par l'adresse recherchée de son esprit, mais à Sidney cette monnaie n'a point cours.

On envoya Maudlin à Paramatta. Premier exil, première chute.

Là il fallut travailler. Maudlin essaya, puis elle s'enfuit. — On la dirigea sur George's-River. Nouvelle révolte et nouvel exil.

Windsor ! noble nom dont l'harmonie royale réveille sans doute un souvenir au cœur des criminels les plus endurcis!—La pauvre Maudlin devait descendre plus d'un degré encore de l'échelle de la misère. Windsor était en ce temps l'établissement le plus éloigné de Sidney, le plus triste et le moins habitable, mais, comme Maudlin y montrait encore des sentimens de révolte, on lui mit un collier de fer au cou et on la descendit dans les mines de Coal-River.

Elle resta un an dans les mines. Lorsque sa peine fut terminée, ses compagnes ne la reconnurent point : son visage avait pris d'innombrables rides ; sa taille était courbée : elle était vieille.

Cependant, son cœur restait jeune, et son esprit remuant, inquiet, actif outre mesure, gardait toute sa vivacité. Elle travailla pour ne point retourner aux mines; mais il y avait au dedans d'elle une rancune profonde contre ses persécuteurs. Elle s'ingénia, elle se remua, usant de l'astuce singulière qui faisait le fond de son esprit ; elle parvint à susciter au gouvernement nombre de tracasseries.

A l'époque où Fergus et Randal arrivèrent à Sidney, Maudlin Wolf était un personnage avec lequel il fallait compter. Elle était liée avec tous les mécontens, avait la confiance des plus dangereux membres de la *Famille* déportés, et entretenait des relations occultes avec cette partie indisciplinée de la colonie, qui sera éternellement en guerre contre l'autorité.

On se disait cela ; on affirmait que Maudlin connaissait parfaitement la retraite de Smith-le-Méthodiste, qui avait tiré un coup de pistolet sur le gouverneur ; on prétendait qu'elle avait plus d'une fois passé les barrières et pris le chemin des Montagnes-Bleues pour porter des avis au tueur de bœufs sauvages Waterfield, lequel ruinait tous les bouchers de la colonie en massacrant des troupeaux entiers et vendait la viande à si bas prix, que les ouvriers, repus, ne voulaient plus travailler. Le gouvernement recueillait ces bruits : mais Maudlin était insaisissable.

Ce fut Maudlin Wolf qu'épousa Randal Grahame, — pour être libre d'abord, — et ensuite pour s'aboucher par son entremise avec Smith, Waterfield et quelques autres aventuriers audacieux dont il lui était important de s'assurer le concours.

FIN DU NEUVIÈME VOLUME.

TABLE.

QUATRIÈME PARTIE.

LE MARQUIS DE RIO-SANTO.

I. — Deux Soleils pour une Lune.	3
II. — Droit d'Aînesse.	41
III. — Pitié, mon Frère !	77
IV. — Un Revenant.	115
V. — A Bedlam.	149
VI. — La Petite-Irlande.	181
VII. — Premières Amours.	223
VIII. — Duel anglais.	261
IX. — Les Pontons.	303
X. — Botany-Bay.	351

En vente chez les mêmes Éditeurs.

LE DOCTEUR ROUGE

PAR JEAN LAFITTE,

Auteur des Mémoires de Fleury

3 vol. in-8°. — Prix : 22 fr. 50 c.

LA JEUNESSE

D'ÉRIC MENWED

Roman historique, traduit du danois d'INGEMANN,

PAR W. DUCKETT.

4 vol. in-8°. — Prix : 30 fr.

Imprimerie de BOULE et Cⁱᵉ, rue Coq-Héron, 3.

www.ingramcontent.com/pod-product-compliance
Lightning Source LLC
Chambersburg PA
CBHW052044230426
43671CB00011B/1780